第3版 Q&A
医療機関の組織変更の実務と税務

「持分なし医療法人」への移行に完全対応

税理士法人　山田&パートナーズ［編］

財経詳報社

目　　次

第1章　医療法人制度の沿革

1　医療法人制度の概要 …………………………………………… 2
2　第6次医療法改正のポイント ………………………………… 9
3　医療法人の類型間での移行・概要 …………………………… 12

第2章　経過措置型医療法人から出資額限度法人への移行

4　出資額限度法人の課税 ………………………………………… 18
5　残存社員に課税が生じないための要件 ……………………… 23
6　出資額限度法人への移行手続 ………………………………… 27

第3章　経過措置型医療法人から拠出型医療法人・基金拠出型医療法人への移行

7　拠出型医療法人の概要 ………………………………………… 30
8　拠出型医療法人への移行に伴う税務 ………………………… 32
9　贈与税課税が生じないための要件 …………………………… 36
10　拠出型医療法人へ移行した場合の贈与税の計算方法 ……… 45
11　拠出型医療法人への移行手続 ………………………………… 49
12　基金拠出型医療法人への移行に伴う税務 …………………… 51
13　基金拠出型医療法人への移行手続 …………………………… 55
14　拠出型医療法人移行後の税務 ………………………………… 57

第4章　拠出型医療法人から基金拠出型医療法人への移行

15　基金拠出型医療法人の概要 ………………………………………… 62
16　基金募集の手続 ……………………………………………………… 64
17　金銭以外の財産による基金の拠出 ………………………………… 67
18　基金の返還 …………………………………………………………… 69
19　基金拠出型医療法人への移行に伴う税務 ………………………… 73
20　基金拠出型医療法人への移行手続 ………………………………… 75

第5章　医療法人から社会医療法人への移行

21　社会医療法人の概要 ………………………………………………… 78
22　社会医療法人化のメリット・デメリット ………………………… 79
23　社会医療法人が営める収益業務 …………………………………… 82
24　社会医療法人が営める第一種社会福祉事業 ……………………… 85
25　社会医療法人債 ……………………………………………………… 86
26　社会医療法人の役員の責任 ………………………………………… 89
27　認定の取消しと取りやめ …………………………………………… 90
28　社会医療法人の認定要件の概要 …………………………………… 93
29　認定要件（役員等の同族支配要件） ……………………………… 95
30　認定要件（役員等の定数及び選任方法） ………………………… 98
31　認定要件（役員等の報酬） ………………………………………… 99
32　認定要件（特別の利益供与の禁止） ……………………………… 100
33　認定要件（遊休財産の保有制限） ………………………………… 104
34　認定要件（株式等の保有制限） …………………………………… 106
35　認定要件（法令違反） ……………………………………………… 107
36　認定要件（事業に関する要件） …………………………………… 109

37	認定要件（残余財産の帰属先）	112
38	認定要件（救急医療等確保事業）	114
39	2以上の病院又は診療所を開設している場合	115
40	救急医療等確保事業（救急医療）	117
41	救急医療等確保事業（精神科救急医療）	120
42	救急医療等確保事業（小児救急医療）	122
43	救急医療等確保事業（災害医療）	124
44	救急医療等確保事業（へき地医療）	127
45	救急医療等確保事業（周産期医療）	130
46	社会医療法人の認定申請手続	133
47	社会医療法人の税務（優遇税制）	135
48	社会医療法人の税務（みなし寄附金制度）	137
49	社会医療法人の税務（移行に伴う税務①）	139
50	社会医療法人の税務（移行に伴う税務②）	141
51	社会医療法人の税務（移行に伴う税務③）	144
52	社会医療法人の税務（移行後の税務）	145
53	社会医療法人の移行後の手続	148

第6章　医療法人から特定医療法人への移行

54	特定医療法人の概要	152
55	特定医療法人のメリット・デメリット	154
56	特定医療法人と社会医療法人の違い	157
57	特定医療法人の承認要件の概要	159
58	特定医療法人の組織と同族支配要件	161
59	特別の利益供与の禁止要件	164
60	残余財産の帰属に関する要件・法令違反に関する要件	166
61	厚生労働大臣が定める基準要件	168

62	特定医療法人の承認を受けるための手続	171
63	都道府県への証明願	174
64	地方厚生局への証明申請の概要	181
65	地方厚生局への証明申請に必要な書類	182
66	地方厚生局への証明申請の留意点①	185
67	地方厚生局への証明申請の留意点②	186
68	地方厚生局への証明申請の留意点③	187
69	国税局の事前審査に際しての必要書類	189
70	国税局による実地調査の留意点①	190
71	国税局による実地調査の留意点②	192
72	国税局による実地調査の留意点③	195
73	特定医療法人の税務（優遇税制）	197
74	特定医療法人の税務（移行に伴う税務）	199
75	特定医療法人の税務（移行後の税務）	200
76	特定医療法人承認後の手続	202
77	特定医療法人が社会医療法人の認定を受けた場合	205
78	特定医療法人の承認取消し・取りやめ時の課税関係	207

第7章　納税猶予制度

79	納税猶予制度の概要	210
80	納税猶予制度活用に伴う課税関係の整理	214
81	認定制度の概要	218
82	相続税の納税猶予等	224
83	贈与税の納税猶予等	229

第8章　個人医療機関から医療法人への組織変更

84	医療法人設立のメリット・デメリット①	236
85	医療法人設立のメリット・デメリット②	242
86	医療法人設立のメリット・デメリット③	245
87	拠出型医療法人設立時の課税関係①	248
88	拠出型医療法人設立時の課税関係②	250
89	基金拠出型医療法人設立時の課税関係	252
90	医療法人設立手続	254
91	医療法人設立に伴う個人病医院廃止の税務	261

資料　拠出型医療法人への移行に係る参考規定 ………………… 265

改訂にあたって

　平成26年6月に可決・成立した第6次医療法改正において、「持分の定めのある医療法人」から「持分の定めのない医療法人」への移行を促進するため「認定医療法人制度」が、平成26年度税制改正で「医業継続に係る相続税・贈与税の納税猶予制度」が創設されました。

　当該改正を受け、医療法人の出資持分に対する関心がより一層高まっており、我々、税理士法人山田＆パートナーズにおいても、出資持分をどうするかについてご相談を受けるケースが増えています。

　といいますのは、出資持分は相続税の対象になるためです。現在、多くの医療法人の理事長が世代交代期に差し掛かっており、医療法人を取り巻く事業承継についても、大変深刻な問題となっています。

　特に医療法人の大半を占める「持分の定めのある医療法人」は、出資持分をいかに円滑に次世代に承継するかが医業承継を成功させるための大きな鍵になります。

　業歴が長く、業績の良い医療法人は、概して出資持分の相続税評価額が高騰しており、次世代が出資持分を相続することで莫大な相続税の納税を強いられることになります。相続税が医療法人の存続すら脅かすこともあり得ます。

　この課題の解決策として、第5次医療法改正において「持分の定めのない医療法人」が原則的な医療法人と位置づけられましたが、移行に際しては、原則として、出資持分消滅に伴い、医療法人に対して贈与税課税が行われるという取扱いになっていること及び出資持分消滅は出資者の医療法人に対する財産権の放棄を意味することを理由として、なかなか出資持分消滅に踏み込めず、移行は一部の医療法人にとどまっています。

　そこで、第6次医療法改正で、「持分の定めのない医療法人」への移行を促進する制度が創設され、改めて「持分の定めのない医療法人」への移行が

注目されています。

　また、相続税の問題とは別の視点で医療法人の永続性・経営の透明性を確保するために公益的な医療法人の類型である特定医療法人や社会医療法人への移行を検討される医療法人も増加しています。特定医療法人や社会医療法人といった公益的な医療法人へ移行する場合には、役員構成や運営体制、提供すべき医療などについて厳格な要件が定められており、特定医療法人や社会医療法人への移行には相応の覚悟が求められます。

　以上のとおり、第6次医療法改正により「持分の定めのない医療法人」への移行促進策が整備された結果、将来を見据えて医療法人の形をどうすべきかということがこれまで以上にクローズアップされています。

　初版の出版から時を経て、現在に至るまで医療法人の移行に関する様々なご相談を受けました。

　それらのご相談を通じて、得られた経験やノウハウに加え、第6次医療法改正に織り込まれた「持分の定めのない医療法人」への移行を促進する制度を含め、新たに整理すべき事項をまとめ、ここに第3版として出版させて頂くことになりました。

　重い選択を迫られる"移行"について医療機関経営者の方々が実務を進める上で本書が何らかの形でお役に立てれば幸いです。

　最後になりましたが、第3版出版の機会を下さった財経詳報社の皆様に深く御礼を申し上げます。

　平成27年1月

　　　　　　　　　　　　税理士法人山田&パートナーズ　医療事業部

まえがき（初版）

　医療法人制度は、昭和25年に創設されて以降、幾度かの医療法改正及びそれに伴う税制改正を経て現在に至っています。特に平成19年4月に行われた第5次医療法改正では、社団医療法人について出資（株式会社でいうところの株式）の概念がなくなり、新設される医療法人については、財産を"拠出"して設立するという大きな改正が行われました。また、この改正により地域に必要とされる医療を担う公益性の高い法人として社会医療法人という新しい医療法人類型が創設され、税制面においても社会医療法人は公益法人並みの優遇税制が整備されました。

　一方で従来からの出資持分の定めのある社団医療法人は、当分の間存続することになりました。また、税法に定めがある特定医療法人制度についても従来と変わりません。

　したがって、現在は医療法人と一口にいっても「財団なのか社団なのか」「持分の定めがあるのかないのか」、若しくは「社会医療法人なのか特定医療法人なのか」といった具合に多様な類型があり、医療法人がどの類型なのかによって運営体制や税制上の取扱いが大きく違っています。

　このような現状から、私ども山田＆パートナーズにも医療法人の経営者（理事長）から医療の継続性及び安定性を考えた場合、現在の類型でよいのか、医業承継の観点からは違う類型に移行した方がよいのかなどのご相談を受けることが増えました。

　そこで、本書では、医療法人の類型を整理し、類型間での移行が行われる場合の実務上の手続や税務上の取扱いについてQ&A形式で記述しました。特に税務上の取扱いについては、安易な移行により思わぬ課税を受けるリスクが考えられるため、様々な移行のケースを想定し、医療法人側及び出資者側それぞれにどのような課税が行われるのか整理しました。

また、個人経営の医療機関が医療法人成りする場合の手続や留意点についても言及しています。

　執筆に際しては、最大限の努力をいたしましたが至らぬ点もあるかと存じます。読者の皆様でお気づきの点がございましたらご指摘くださいますようお願い申し上げます。

　本書を通じて、少しでも皆様のお役に立てれば幸いです。

　本書の発刊に際しては、財経詳報社の富高様をはじめとする皆様にご尽力いただきました。この場をお借りして厚く御礼申し上げます。

　平成21年11月

執筆者一同

第1章

医療法人制度の沿革

1　医療法人制度の概要

Q 医療法人制度が創設された趣旨・背景について教えて下さい。

ポイント

- ◆医療法人とは、病院、医師若しくは歯科医師が常時勤務する診療所又は介護老人保健施設を開設しようとする社団又は財団をいい、医療法に基づいて設立される特別法上の法人である。
- ◆医療法人制度は、昭和25年の医療法改正により創設され、数度の改正を経て、現在に至っている。
- ◆医療法人の類型は、大きく社団医療法人と財団医療法人に区分される。
- ◆社団医療法人のうち平成19年4月1日以降に設立申請された医療法人は、出資の概念がない拠出型医療法人となる。
- ◆特定医療法人は、租税特別措置法（税法）に定める医療法人をいい、公益性の高い医療法人として国税庁長官の承認を受けた医療法人をいう。
- ◆社会医療法人は、第5次医療法改正で創設された、高い公益性を求められる医療法人をいう。公募債としての社会医療法人債の発行や一定範囲での収益事業を営むことが認められている。
- ◆持分なし医療法人への移行を促進するため、第6次医療法改正で「認定医療法人制度」が、平成26年度税制改正で「医業継続に係る相続税・贈与税の納税猶予制度」が創設された。

A （1）　医療法人とは

　医療法人とは、病院、医師若しくは歯科医師が常時勤務する診療所又は介護老人保健施設を開設しようとする社団又は財団をいい、医療法に基づいて設立される特別法上の法人です。

(2) 医療法人制度が創設された趣旨

医療法は昭和23年に制定されましたが、医療法人制度は昭和25年の医療法改正により創設されました。

医業経営の主体に法人格を認めることで次に掲げる目的の達成を目指しました。

---
① 資金調達を容易にすること
② 医療機関の経営に永続性を付与し、個人による医療機関経営の困難を緩和すること
---

(3) 医療法人が抱える課題と医療法人制度の改正

① 医療法人が抱える課題

医療法人制度は、昭和25年の改正医療法で定められた制度で、その後、少しずつの改正を経て、現在に至っています。医療法人制度は、法人化により経営主体を個人から法人に移すことで個人による医療機関経営の難点、例えば、資金調達等の困難などを緩和、解消し、医療機関の経営に永続性を与えることをその趣旨としていますが、近年、その趣旨を揺るがす次の2つの問題が顕在化してきました。

(イ) 医療法人の出資持分に対する相続税課税
(ロ) 医療法人の非営利性の議論

イ 医療法人の出資持分に対する相続税課税

現状においては、医療法人の大半が出資持分の定めのある社団医療法人（経過措置型）であり、その割合は、医療法人全体の約83％（平成26年3月31日現在）を占めます。

医療法人の出資持分は、相続税の対象となります。医療法人の場合、配当が禁止されていることから、過去に積み上げられた剰余金が多額になり、出資持分の価値が高額になる傾向があります。その結果、医療法人の出資持分を引き継いだ相続人が支払う相続税も多額になり、医療法人の理事長の世代交代を困難にし、医療法人制度の趣旨である医療機関経営の永続性を脅かす事態に繋がるケースもあります。

ロ　医療法人の非営利性の議論

　もう1つの問題は、医療法人の非営利性とは何かを検証する必要に迫られたことです。

　医療法では、営利を目的として病院等を開設しようとする者に対しては、開設の許可を与えない旨の規定があります。

　ここで、営利とは何かが問題になりました。法律上、営利と非営利を区別する基準は、2つあるといわれています。1つは、商行為、すなわち、収益事業を行うか否かという基準です。もう1つは、剰余金の配当が可能かどうかという基準です。

　商行為については、医療法において、医療法人が行うことのできる業務の範囲が厳しく定められており、原則として収益事業を営むことはできませんので、明確に非営利であるといえます。

　問題は、剰余金の配当についてです。医療法においては、剰余金の配当を明確に禁止しています。しかしながら、医療法人の社員（出資者）に対して、医療法人を退社する場合には払戻請求権を、医療法人が解散した場合には残余財産分配請求権を認めている定款が多く存在しています。

　払戻請求権や残余財産分配請求権が行使された場合には、医療法人が蓄えた剰余金も含めて払戻額を計算しますので、医療法人が過去に蓄えた剰余金を出資者に払戻すということからいえば、事実上の配当行為にほかならず、医療法人の非営利性が担保されていないのではないかとされたわけです。

② 出資額限度法人の制度化

医療法人が抱える上記の問題点を解消するために、社員の退社に伴う払戻請求権及び医療法人の解散に伴う残余財産分配請求権を当初出資額に制限する、いわゆる出資額限度法人に関する議論が行われてきました。

平成16年6月に、国税庁から出資額限度法人移行に伴う課税関係の見解が示されたことで、事実上、制度化されました。

ただし、出資額限度法人制度では一定の要件（Q5参照）を満たさない場合には、残存出資者に対する課税問題が生じるため、上記①の課題の抜本的解決にはなりませんでした。

③ 持分なし医療法人の創設

平成19年4月に全面施行された第5次医療法改正では、医療法人制度が大きく見直されました。大きく見直された点の1つが医療法人の「非営利性の徹底」です。具体的には「解散時の残余財産の帰属先の制限」、つまり、残余財産の帰属先を国や地方公共団体、他の一定の医療法人等に限定することで、医療法人の非営利性の徹底を図りました。この取扱いは平成19年4月1日以後設立申請された持分の定めのない社団医療法人（これを「拠出型医療法人」といいます）に対して適用され、平成19年3月31日以前に設立申請された持分の定めのある社団医療法人（これを「経過措置型医療法人」といいます）については、当分の間、残余財産の帰属は従来の取扱い、すなわち、定款の定めに従って出資者に分配されるという取扱いが維持されることになっています。しかしながら、医療法人制度は非営利性を担保しながら、医療の永続性・継続性を確保することを目的としています。そのため、経過措置型医療法人については、できるだけ速やかに持分の定めのない法人形態への移行が求められています。

④ 認定医療法人制度の創設

上記のとおり取扱いが維持された経過措置型医療法人の持分なし医療法人

への移行は、ごく一部に留まっており、医療法人が抱える問題点も残ったままとなっていました。

そこで持分なし医療法人への移行を促進するため、第6次医療法改正で「認定医療法人制度」が、平成26年度税制改正で「医業承継に係る相続税・贈与税の納税猶予制度」が創設されました（詳細は第7章を参照）。

（4） 医療法人の類型

医療法人には、持分の定めの有無や公益性の有無などによって、いくつかの類型があります。

医療法人の類型を整理すると次のようになります。なお、医療法人にいくつかの類型があることから、本書のテーマである「医療法人の類型間の移行」という事象が生じます。

医療法人には、大きく分けて、社団医療法人と財団医療法人の2種類があります。

なお、社団医療法人については、平成19年4月1日に施行された第5次医療法改正により、制度が大きく変わりました。

① 社団医療法人

社団医療法人は、金銭その他の資産の出資又は拠出により設立された医療法人をいいます。

イ 平成19年3月31日以前に設立申請された社団医療法人

平成19年3月31日以前に設立申請された社団医療法人は、出資持分につき、定款に定めのある社団（いわゆる持分の定めのある社団）と定款に定めのない社団（いわゆる持分の定めのない社団）に区分することができます。

持分の定めのある社団の場合、出資者はその出資割合に応じて医療法人の持分を有します。退社・解散時にはその持分に応じて払戻しや分配を受けることができます。

第1章　医療法人制度の沿革

ロ　平成19年4月1日以後に設立申請された社団医療法人

　平成19年4月1日以後に設立申請された社団医療法人は、金銭その他の資産の"拠出"により設立されます。出資ではなく、"拠出"ですので、出資持分の概念はなく、解散時の残余財産は、国や地方公共団体、他の一定の医療法人等に帰属します。このような医療法人を「拠出型医療法人」といいます。また、拠出型医療法人のうち、基金制度を採用した医療法人を「基金拠出型医療法人」といいます。

②　財団医療法人

イ　平成19年3月31日以前に設立申請された財団医療法人

　財団医療法人は、金銭その他の資産の寄附行為により設立されます。寄附者は設立に当たり資産を寄附しますので、出資持分は存在しません。解散したときは理事会等で残余財産の処分方法を決め、都道府県知事（又は厚生労働大臣）の認可を受けて処分します。

ロ　平成19年4月1日以後に設立申請された財団医療法人

　平成19年4月1日以後に設立申請された財団医療法人の解散時の残余財産は、国や地方公共団体、他の一定の医療法人等に帰属します。つまり、従来の理事会等で残余財産の処分方法を決め、都道府県知事（又は厚生労働大臣）の認可を受けて処分するのではなく、直接、国や地方公共団体等に帰属することになります。

【医療法人の類型】

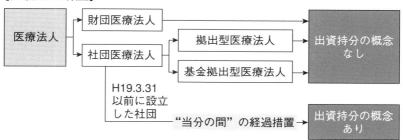

③ 特定医療法人

特定医療法人とは、租税特別措置法第67条の2に規定する医療法人で、財団医療法人又は社団医療法人で持分の定めのないもののうち、医療の普及及び向上、社会福祉への貢献その他公益の増進に著しく寄与し、かつ、公的に運営されているものとして国税庁長官の承認を受けたものをいいます。

特定医療法人の承認を受けると、法人税率が一律19％（平成27年3月31日までに開始する事業年度は、年800万円以下の所得に対する税率が15％）となります。

④ 社会医療法人

社会医療法人とは、第5次医療法改正により創設された新しい医療法人の類型です。救急医療等の実施が義務付けられ、高い公益性が求められる医療法人で、役員に占める同族関係者の割合などいくつかの要件を満たした場合に、都道府県知事（又は厚生労働大臣）により認定されます。

社会医療法人は、医療保健業に係る所得について法人税が非課税とされるとともに、救急医療等確保事業の用に供する不動産について固定資産税・不動産取得税が非課税とされます。また、社会医療法人債の発行や一定の収益事業を営むことが認められ、それによって得られた資金を当該法人の病院、診療所又は介護老人保健施設の運営に充てることができます。

2 第6次医療法改正のポイント

Q 第6次医療法改正において、医療法人制度が見直されましたが、主なポイントを教えて下さい。

ポイント
◆「経過措置型医療法人」から「出資持分の定めのない医療法人」への移行を促進するため、「認定医療法人制度」及び「納税猶予制度」が創設された。
◆地域の医療提供体制において医療法人間の横の連携を強化するため、医療法人間の合併制度が見直された。

A (1) 「持分の定めのない医療法人」への移行促進制度の創設

① 医業継続の課題

現在、医療法人は約5万法人(平成26年3月時点厚生労働省調べ)存在し、医療法人の大半が「経過措置型医療法人」となっています。

医療法人は、配当が禁止されていることから、過去に積み上げた剰余金が多額になり、出資持分の評価額が高額になる傾向にあります。その結果、医療法人の出資持分を引き継いだ相続人は多額の相続税を支払うことになり、医療法人制度の趣旨である医療機関経営の永続性を脅かす事態に繋がっています。

② 持分の定めのない医療法人への移行促進

上記課題の解決策として第5次医療法改正において、「持分の定めのない医療法人」が原則的な医療法人と位置付けられました。しかしながら、経過措置型医療法人から持分の定めのない医療法人への移行は一部の医療法人に

とどまっています（平成20年から平成25年の累計で224法人）。

そのため、持分の定めのない医療法人への移行を促進するために、第6次医療法改正により「認定医療法人制度」が、平成26年度税制改正により「医業継続に係る相続税・贈与税の納税猶予制度」が創設されました。

③ 認定医療法人制度及び納税猶予制度の概要

相続人が経過措置型医療法人の出資持分を相続又は遺贈により取得した場合、その医療法人が移行計画の認定を受けた医療法人（認定医療法人）であるときは、移行計画の期間満了まで相続税の納税が猶予され、出資持分を放棄した場合は、猶予税額が免除されます。

また、「出資者」が出資持分を放棄したことにより、「他の出資者」の出資持分の価値が増加することで、贈与を受けたものとみなして「他の出資者」に贈与税が課される場合も同様となります。

（2） 合併制度の見直し

医療法人は、社団医療法人と財団医療法人の2種類があります。

医療法上、社団医療法人同士の合併や、財団医療法人同士の合併は認められますが、社団医療法人と財団医療法人の合併は認められていませんでした。

しかし、今回の医療法改正により、平成26年10月1日以降は、社団医療法人と財団医療法人の合併が認められることになりました。

第1章　医療法人制度の沿革

【医療法人の合併前後における法人類型】

合併前の法人類型		合併後の法人類型
社団医療法人（持分なし）	社団医療法人（持分なし）	社団医療法人（持分なし）
社団医療法人（持分なし）	社団医療法人（持分あり）	社団医療法人（持分なし）
社団医療法人（持分あり）	社団医療法人（持分あり）	社団医療法人（持分なし）（新設合併の場合）
		社団医療法人（持分あり）（合併前の法人が存続する場合）
社団医療法人（持分なし）	財団医療法人　※	社団医療法人（持分なし）又は財団医療法人
社団医療法人（持分あり）	財団医療法人　※	社団医療法人（持分なし）又は財団医療法人

※新しく認められる合併

3　医療法人の類型間での移行・概要

Q 医療法人にはいくつかの類型があり、そのため類型間での移行が行われる場合があるとのことですが、医療法人の類型間での移行について教えて下さい。

ポイント
◆大きな類型である社団医療法人から財団医療法人への移行又はその逆の移行はできない。
◆類型間での移行のパターンは、公益性の高い医療法人へ移行するパターンと（社団医療法人の場合であれば）持分の定めのある社団医療法人から持分の定めのない社団医療法人へ移行するパターンに大別できる。
◆社団医療法人は類型が多いので、移行のパターンが多岐にわたり、課税の問題が生じる場合がある。
◆一方、財団医療法人の場合には、移行のパターンは公益性の高い医療法人への移行に限定される。

A　（1）　医療法人の組織変更

　医療法人には、様々な類型があり、類型間での移行が行われる場合があります。
　類型間での移行のパターンには、公益性の高い社会医療法人や特定医療法人へ移行するパターンと持分の定めのある社団医療法人が持分の定めのない社団医療法人などへ移行するパターンがあります。
　なお、社団医療法人から財団医療法人への組織変更やその逆の組織変更は認められませんので、ここでは、移行のパターンを社団医療法人と財団医療法人に分けて整理します。

第1章 医療法人制度の沿革

(2) 社団医療法人の組織変更

社団医療法人は、多くの類型があるため、移行のパターンも多岐にわたります。

社団医療法人の移行のパターンは、次のように整理できます。

【社団医療法人の組織変更のパターン】

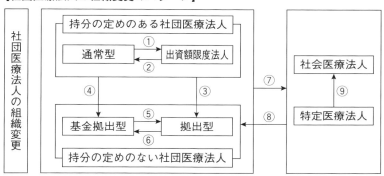

① 通常型(持分の定めあり)→出資額限度法人(持分の定めあり)

ここで通常型とは、持分の定めのある社団医療法人で、退社時や解散時に社員である出資者に対して出資額に応じて払戻しが行われるものとします。

この移行は、退社時や解散時の払戻額について当初出資額を限度とするように定款を変更することで、出資額限度法人に移行するパターンです。

移行の手続自体は、定款変更で完了し、移行時に課税関係は生じませんが、移行した後の課税に種々の課題があります(第2章参照)。

② 出資額限度法人(持分の定めあり)→通常型(持分の定めあり)

出資額限度法人から通常型への移行(いわゆる後戻り)は定款変更により行うことができます。

通常型への移行時についても課税関係は生じません。

③ 持分の定めのある社団医療法人→拠出型（持分の定めなし）

　ここで持分の定めのある社団医療法人とは、通常型と出資額限度法人を含みます。この組織変更は、出資持分をなくして、持分の定めのない社団医療法人の類型である拠出型医療法人へ移行するパターンです。

　この場合、出資持分の放棄を伴いますので、一定の要件を満たさない限り、医療法人側に贈与税の課税の問題が生じます。

　なお、拠出型も含めた持分の定めのない医療法人から持分の定めのある医療法人への移行（いわゆる後戻り）はできませんので、移行の意思決定は慎重に判断する必要があります。

④ 持分の定めのある社団医療法人→基金拠出型（持分の定めなし）

　上記③のパターンの類似型ですが、出資者が基金を手にする点に違いがあります。

　持分の定めのある社団医療法人から基金拠出型へ移行する場合には出資持分を基金として振り替えることができます。

　その際、出資持分（出資金部分と利益剰余金部分）のうちどの部分を基金として振り替えるかも任意で選択できます。その選択によって、出資者側・医療法人側の課税関係も異なることになります（詳細はQ12参照）。

⑤ 基金拠出型（持分の定めなし）→拠出型（持分の定めなし）

　持分の定めのない社団医療法人が基金制度を採用するかどうかは任意です。

　したがって、基金制度をやめて、拠出型に移行する方法もあります。この移行は、基金制度を採用するかどうか、基金に関する定款を設けるかどうかだけですので、特に課税の問題は生じません。

⑥ 拠出型（持分の定めなし）→基金拠出型（持分の定めなし）

　⑤の逆のパターンです。⑤と同様に基金制度を採用するかどうか、基金に関する定款を設けるかどうかだけですので、特に課税の問題は生じません。

⑦　社会医療法人・特定医療法人への移行

公益性の高い社会医療法人・特定医療法人への移行です。

公益性の高い医療法人への移行ですので、課税の問題は生じませんが、社会医療法人・特定医療法人ともに公益性の高い要件を満たす必要があります。

⑧　社会医療法人・特定医療法人からの移行

社会医療法人の要件を満たさないこととなったため社会医療法人の認定を取り消されたり、特定医療法人の承認を取り消されたりした場合の組織変更です。公益性の高い医療法人からの移行になるので、ペナルティーとして、課税が生じる場合があります。

また、社会医療法人・特定医療法人から持分の定めのある社団医療法人への移行は認められませんので、すべて持分の定めのない社団医療法人に移行することになります。

⑨　特定医療法人から社会医療法人への移行

特定医療法人が社会医療法人の認定を受けた場合の組織変更です。持分の定めのない医療法人から持分の定めのない医療法人への組織変更ですので、移行に伴う課税の問題は生じません。社会医療法人の認定を受けるには、救急医療等確保事業の実施等、より公益性の高い要件を満たす必要があります。

（3）　財団医療法人の組織変更

財団医療法人は、社団医療法人に比べて類型が少ない分、移行のパターンはシンプルです。

財団医療法人の移行のパターンは次のように整理できます。

①　社会医療法人・特定医療法人への移行

公益性の高い社会医療法人・特定医療法人への移行です。

社団医療法人の場合と同様に公益性の高い医療法人への移行ですので、課

税の問題は生じませんが、それぞれ社会医療法人・特定医療法人ともに公益性の高い要件を満たす必要があります。

②　社会医療法人・特定医療法人からの移行

社会医療法人の要件を満たさないこととなったため社会医療法人の認定を取り消されたり、特定医療法人の認可を取り消されたりした場合の組織変更です。

公益性の高い医療法人からの移行になるので、ペナルティーとして、課税が生じる場合があります。

③　特定医療法人から社会医療法人への移行

特定医療法人が社会医療法人の認定を受けた場合の組織変更です。持分の定めのない医療法人から持分の定めのない医療法人への組織変更ですので、移行に伴う課税の問題は生じません。社会医療法人の認定を受けるには、救急医療等確保事業の実施等、より公益性の高い要件を満たす必要があります。

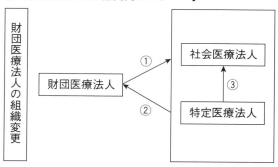

【財団医療法人の組織変更のパターン】

第2章

経過措置型医療法人から
出資額限度法人への移行

4　出資額限度法人の課税

> 　出資額限度法人に係る課税関係を教えて下さい。

ポイント

◆出資額限度法人に移行した場合、社員が退社した場合のいずれにおいても、医療法人側に課税は生じない。

◆社員が生前退社した場合には、退社した社員に課税は生じないが、医療法人に残った社員に贈与税課税が生じる。

◆社員に相続が発生した場合において、出資持分を相続した相続人が実際に払戻しを受けたときには、その払戻額が出資持分の相続税評価額となる一方で、医療法人に残った社員に贈与税課税が生じる。また、出資持分を相続した相続人が実際に払戻しを受けなかったときには、出資持分は、通常の相続税評価額で評価され、医療法人に残った社員に贈与税課税は生じない。

◆出資額限度法人が一定の要件を満たす場合には、残った社員に対する贈与税課税は生じない。

A （1）　出資額限度法人とは

出資額限度法人は、文字通り、医療法人の定款において、社員の退社による払戻額や医療法人の解散に伴う残余財産の分配額を当初出資額に制限する、すなわち、医療法人が過去に蓄えてきた剰余金は、払戻しや分配の対象としないという医療法人です。

（2）　出資額限度法人に移行する際の課税

医療法人の定款を変更し、社員の退社に伴う払戻請求権及び医療法人の解

散に伴う残余財産分配請求権の及ぶ範囲を当初出資額に制限したとしても、医療法人、出資者ともに、その時点では、課税は生じません。

（3） 出資者が生前に退社した際の課税

例えば、当初出資額10ずつ、同族関係のある7人の社員で医療法人を設立し、その後、社員1人当たり10ずつの剰余金が留保された段階で、社員の1人であるAが医療法人を退社した場合を考えます。

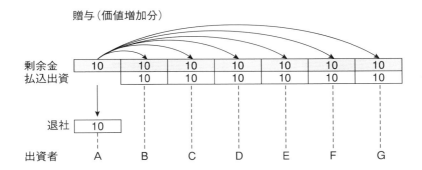

① 医療法人側

医療法人側には、（資本取引であることから）課税は生じません。

② 退社した社員A

退社した社員Aについては、当初に出資した金額が戻ってくるだけであることから課税は生じません。

③ 医療法人に残る社員B〜G

医療法人に残る社員B〜G（以下「残存社員」）については、課税が生じます。残存社員は、Aの退社により、Aが医療法人に残した剰余金部分について、それぞれの出資持分の価値が増加します。

つまり、Aに払い戻されなかった剰余金は、残存社員に帰属すると考え、

その価値の上昇分について、Aから残存社員への贈与が行われたものとして贈与税の課税が行われます。

（4） 出資者が死亡し、その相続人が出資の払戻しを受けた場合の課税

Aが死亡し、Aの相続人であるA′が出資持分を相続し、A′は社員としての地位を承継せずに出資の払戻しを受けた場合を考えます。

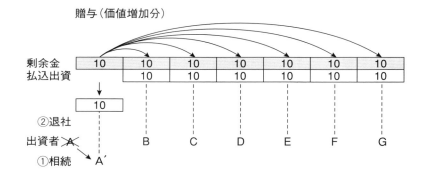

① 医療法人側

医療法人側には、（資本取引であることから）課税は生じません。

② 相続人 A′

相続人A′は、払戻しを受ける出資額、すなわち、Aの当初出資額10が出資持分の相続税評価額となります。

また、払戻額についても、当初に相続人Aが出資した金額が戻ってくるだけであることから課税は生じません。

③ 医療法人に残る社員B～G

医療法人に残る社員B～G（以下「残存社員」）については、課税が生じます。

第 2 章　経過措置型医療法人から出資額限度法人への移行

　残存社員は、A′が社員の地位を承継しなかったことにより、A′が医療法人に残した剰余金部分について、それぞれの出資持分の価値が増加します。
　つまり、A′が相続しなかった剰余金は、残存社員に帰属すると考え、その価値の上昇分について、A′から残存社員への贈与が行われたものとして贈与税の課税が行われます。

（5）　出資者が死亡し、その相続人が社員の地位を引き継いだ場合の課税

　Aの死亡により、Aの相続人であるA′が出資持分を相続し、かつ、社員としての地位を承継した場合を考えます。つまり、通常の相続が行われた場合です。

①　医療法人側
　医療法人側には、（資本取引であることから）課税は生じません。

②　出資持分を相続した相続人A′
　出資持分を相続した相続人A′は、社員としての地位も承継していますので、出資持分の相続税評価額は、剰余金の部分も含めた金額、すなわち、通常の相続税評価額で計算します。

③　医療法人に残る社員B～G
　医療法人に残る社員B～G（以下「残存社員」）については、価値移転の問題はありませんので、贈与税の課税は生じません。

（6）　残存社員に対する贈与税課税が生じない場合

　出資額限度法人が一定の要件を満たすときは、社員の退社に伴い生じる、残存社員に対する贈与税課税は生じません（Q5参照）。

【出資額限度法人・課税のまとめ】

		医療法人	退社社員	残存社員
(1)	定款変更時	課税なし	課税なし	課税なし
(2)	生前退社時		課税なし	価値移転部分に贈与税課税
(3)	相続発生時（相続人退社）		当初出資額で相続税課税	価値移転部分に贈与税課税
(4)	相続発生時（社員承継）		通常の評価額で相続税課税	課税なし

5　残存社員に課税が生じないための要件

Q　出資額限度法人の場合、社員が退社すると医療法人に残った社員（以下「残存社員」）に対して贈与税が課税されるそうですが、一定の要件を満たせば、その贈与税課税は生じないと聞きました。その要件について教えて下さい。

[ポイント]

◆残存社員に贈与税課税を生じさせないためには、次の4つの要件を満たす必要がある。
　① 出資全体に占める上位3同族グループの出資金額の合計額が出資総額の50％以下であること
　② 総社員に占める上位3同族グループの社員数割合が50％以下であること
　③ 定款において、役員の同族割合が3分の1以下と定められていること
　④ 役員などへの特別な利益供与が行われていないこと

A　（1）　残存社員に対する課税

　出資額限度法人は、原則として、社員の退社に伴い残存社員に贈与税課税が生じます。なお、一定の要件を満たした場合には、残存社員に対する贈与税課税は生じません。

（2）　贈与税課税が生じないための要件

　社員の退社があった場合において、次の要件を満たすときは、残存社員に対する贈与税課税は生じません。

> ① 出資全体に占める上位3同族グループの出資金額の合計額が出資総額の50％以下であること **(出資金額要件)**
> ② 総社員に占める上位3同族グループの社員数割合が50％以下であること **(社員数要件)**
> ③ 定款において役員の同族割合が3分の1以下と定められていること **(役員数要件)**
> ④ 役員などへの特別な利益供与が行われていないこと **(特別の利益供与の禁止要件)**

なお、ここで同族グループとは、出資者とその親族などの特殊関係者をいいます。

① 出資金額要件

出資金額要件とは、医療法人の上位3同族グループの出資金額の合計額が出資総額の50％以下であることという要件をいいます。

この要件は、上位3同族グループで判定をします。

【具体例1】
　Aグループ　100万円 ┐
　Bグループ　100万円 ├ 出資総額（300万円）の50％以下にはならない
　Cグループ　100万円 ┘ ∴　要件を満たさない

【具体例2】
　Aグループ　100万円 ┐
　Bグループ　100万円 │
　Cグループ　100万円 ├ 出資総額（600万円）の50％以下
　Dグループ　100万円 │ ∴　要件を満たす
　Eグループ　100万円 │
　Fグループ　100万円 ┘
　※それぞれのグループ間は同族関係がないものとする。

② 社員数要件

社員数要件とは、総社員に占める上位3同族グループの社員数割合が50％以下であることという要件をいいます。

判定に際しての考え方は出資額基準と同じで、同族関係がある者については1つのグループとして取り扱います。

③ 役員数要件

役員数要件とは、定款において役員の同族割合が3分の1以下と定められていることという要件をいいます。

ここで、役員とは理事及び監事をいいます。

なお、あくまでも、定款で定めることが必要とされていますので、ただ単に役員構成の実態が満たしているだけではなく、定款にきちんと定めるという形式も満たす必要があります。

④ 特別の利益供与の禁止要件

特別の利益供与の禁止要件とは、役員などへの特別な利益供与が行われていないことという要件をいいます。

この要件は、4つの要件の中で一番基準があいまいで、判断が難しいところです。

利益供与としては、不相当に高額な役員報酬の支払や、無利息による貸付けなどが挙げられます。結局のところ、役員という立場を利用して、医療法人と不公正な取引をしてはならない、ということです。

【特別の利益供与の具体例】
　当該出資額限度法人が社員、役員又はその親族その他特殊の関係がある者に対して、次に掲げるいずれかの行為をし、又は行為をすると認められる場合などが該当します。

> - 当該法人の所有する財産をこれらの者に居住、担保その他の私事に利用させること。
> - 当該法人の他の従業員に比し有利な条件で、これらの者に金銭の貸付けをすること。
> - 当該法人の所有する財産をこれらの者に無償又は著しく低い価額の対価で譲渡すること。
> - これらの者から金銭その他の財産を過大な利息又は賃借料で借り受けること。
> - これらの者からその所有する財産を過大な対価で譲り受けること、又はこれらの者から公益を目的とする事業の用に供するとは認められない財産を取得すること。
> - これらの者に対して、当該法人の理事、監事、評議員その他これらの者に準ずるものの地位にあることのみに基づき給与等を支払い、又は当該法人の他の従業員に比し過大な給与等を支払うこと。
> - これらの者の債務に関して、保証、弁済、免除又は引受け（当該法人の設立のための財産の提供に伴う債務の引受けを除く）をすること。
> - 契約金額が少額なものを除き、入札等公正な方法によらないで、これらの者が行う物品の販売、工事請負、役務提供、物品の賃貸その他の事業に係る契約の相手方となること。
> - 事業の遂行により供与する公益を主として、又は不公正な方法で、これらの者に与えること。

6　出資額限度法人への移行手続

Q 経過措置型医療法人から出資額限度法人に移行する場合の必要な手続について教えて下さい。また、出資額限度法人から経過措置型医療法人へ移行（後戻り）する場合の必要な手続についても教えて下さい。

ポイント
◆経過措置型医療法人は、定款を変更して出資額限度法人に移行できる。
◆出資額限度法人が経過措置型医療法人へ移行（いわゆる後戻り）することは、これを直接禁止した医療法その他関係法令上の規定は存在しないため、定款変更により後戻りすることができる。

A　（1）　手続

経過措置型医療法人から出資額限度法人に移行する場合には、都道府県知事より定款変更の認可を受ける必要があります。

（2）　定款変更に必要な書類

定款変更を行う場合には、通常次の書類を準備し、都道府県知事に提出する必要があります（都道府県によって、異なる場合があります）。

① 医療法人の定款変更認可申請書
② 新旧条文対照表
③ 現行の定款の写し
④ 新定款の案文
⑤ 議事録（理事会、社員総会）の写し
⑥ 医療法人の概要

⑦ 法人登記の履歴事項全部証明書（直近のもの）正本には原本を添付のこと

（3） 変更が必要な定款の箇所

経過措置型医療法人の出資持分の取扱いが記載された箇所は、モデル定款の第9条及び第34条となっています。経過措置型医療法人から出資額限度法人へ移行する場合には、この条文を次の通り修正する必要があります。

変更前	変更後
第9条 社員資格を喪失した者は、その出資額に応じて払戻しを請求することができる。	第9条 社員資格を喪失した者は、その出資額を限度として払戻しを請求することができる。
第34条 本社団が解散した場合の残余財産は、払込済出資額に応じて分配するものとする。	第34条 本社団が解散した場合の残余財産は、払込済出資額を限度として分配するものとし、当該払込済出資額を控除してなお残余があるときは、社員総会の議決により、○○県知事（厚生労働大臣）の認可を得て、国若しくは地方公共団体又は租税特別措置法（昭和32年法律第26号）第67条の2に定める特定医療法人若しくは医療法（昭和23年法律第205号）第42条の2に定める社会医療法人に当該残余の額を帰属させるものとする。

（4） 出資額限度法人から経過措置型医療法人への移行

出資額限度法人から経過措置型医療法人へ移行（いわゆる後戻り）することは、これを直接禁止した医療法その他関係法令上の規定は存在しません。したがって、出資額限定法人からの経過措置型医療法人へ後戻りする場合には、（3）に記載したモデル定款の第9条及び第34条を変更後から変更前に戻す定款変更を行う必要があります。

第3章

経過措置型医療法人から
拠出型医療法人・基金拠出型医療法人への移行

7　拠出型医療法人の概要

Q　拠出型医療法人とはどのような法人ですか。

ポイント
◆平成19年4月1日以降に設立申請される社団医療法人は、金銭等を拠出することにより設立される。この医療法人を、拠出型医療法人という。
◆拠出型医療法人には、持分の概念がなく、原則として拠出した財産の返還は受けられない。
◆基金制度を採用することで、基金相当額については、返還を受けることができる。

A　（1）　拠出型医療法人とは

　平成19年4月1日以降に設立申請をする社団医療法人は、従来の金銭等の出資による設立ではなく、金銭等の拠出により設立されることになります。このように、拠出により設立される医療法人を「拠出型医療法人」といいます。

（2）　拠出型医療法人制度が創設された背景

　医療法人は、医療事業の経営を主たる目的としており、営利を目的とはしていませんので、剰余金の配当は禁止されています。
　しかしながら、持分の定めのある社団医療法人の場合、出資者である社員が医療法人を退社した場合や医療法人が解散した場合には、出資持分に応じて財産の払戻しを受けることができました。この際の払戻額は、剰余金を含めた額で計算するため、事実上の配当行為と捉えられ、非営利性が確保されていないのではないかとの指摘がありました。

第3章 経過措置型医療法人から拠出型医療法人・基金拠出型医療法人への移行

　そこで第5次医療法改正により、社団医療法人については、"出資"ではなく"拠出"により設立されるものと整理されました。
　これにより出資持分の概念はなくなり、退社時における持分に応じた払戻しはできなくなります。

（3）　基金制度

　拠出型医療法人に拠出した金銭等の資産は、原則として、拠出者に返還されることはありませんが、基金制度を導入することで、拠出した金額を限度として、返還を受けることが可能です。
　基金制度については、Q15を参照して下さい。

（4）　経過措置型医療法人から拠出型医療法人へ移行する場合の出資持分放棄

　経過措置型医療法人が拠出型医療法人へ移行するためには、出資者の全員がその持分を放棄し、定款変更をする必要があります。

8　拠出型医療法人への移行に伴う税務

Q　経過措置型医療法人から拠出型医療法人に移行した場合の課税関係について教えて下さい。

ポイント
- ◆持分放棄をする側（出資者）が個人である場合には、課税は生じない。
- ◆持分放棄をする側（出資者）が法人である場合には、出資持分の時価相当額が寄附金として取り扱われ、寄附金の損金不算入の計算対象となる。
- ◆持分放棄を受ける拠出型医療法人は、放棄に伴う法人税課税は生じないが、医療法人を個人とみなして贈与税課税が生じる。
- ◆ただし、一定の要件を満たした場合には、医療法人に対し贈与税は課税されない。

A　（1）　出資者側の課税関係

① 出資者が個人である場合

出資者が個人である場合には、出資持分放棄という行為が法人に対する無償の譲渡に該当するか、すなわち、みなし譲渡課税の対象となりうるかが問題となります。

この点について、国税庁からの文章回答（平成17年4月27日「出資持分の定めのある社団医療法人が特別医療法人に移行する場合の課税関係について」）では、「出資持分の放棄については、株式の消却と同様、譲渡性が認められないため、譲渡所得課税は生じないものと解される。」と示しています。

第3章　経過措置型医療法人から拠出型医療法人・基金拠出型医療法人への移行

> **出資持分の定めのある社団医療法人が特別医療法人に移行する場合の課税関係について（抜粋）**　　　　平成17年4月27日回答
>
> 　個人出資者の持分なし医療法人への移行に伴う出資持分の放棄については、それが、医療法人への贈与による出資持分の移転を伴うものであれば、出資持分の時価によるみなし譲渡課税（所得税法（昭和40年法律第33号）第59条）の問題が生じるが、次のことから株式の消却と同様、譲渡性が認められないため、譲渡所得課税は生じないものと解される。
>
> (イ)　自己株式の取得が認められている株式会社の場合と異なり、医療法人においては、自己の出資持分を取得（保有）することはできないと解されていること
>
> (ロ)　出資の減少や株式の消却により金銭等の交付があったときには、みなし配当部分を除いて譲渡収入金額とみなすこととされている（租税特別措置法（昭和32年法律第26号）第37条の10第4項）が、出資が譲渡により移転したとみなすものではなく、無償の場合にも、出資が贈与により移転したものとみなされるものではないこと
>
> (ハ)　このように解することは、平成16年6月16日付で文書回答を受けた「持分の定めのある医療法人が出資額限度法人に移行した場合等の課税関係について」に示されている、出資者が出資額の払戻しにより退社した場合にみなし譲渡課税の対象とならないとする取扱いとも整合性がとれること

②　出資者が法人である場合

　出資者が法人である場合には、価値のある資産（出資持分）を放棄することにより損失が生じますが、その損失がいわゆる寄附金に該当し、寄附金の損金不算入の計算対象になるかどうかが問題になります。

　この点について、文章回答では、放棄した出資持分に時価相当額が認識で

きる場合には、その持分の放棄が経済的利益の供与に該当するため、その供与することについて相当な理由がない限り、その持分の時価相当額については、寄附金に該当するものとしています。

(2) 医療法人側の課税関係

① 法人税の課税

「社団である医療法人で持分の定めのあるものが持分の定めのない医療法人となる場合において、持分の全部又は一部の払戻しをしなかったときは、その払戻しをしなかったことにより生ずる利益の額は、その医療法人の各事業年度の所得の金額の計算上、益金の額に算入しない。」こととされています。そのため、持分放棄が行われた場合、医療法人側には法人税は課税されません。

② 贈与税の課税

(イ) 拠出型医療法人に対する贈与税課税

定款変更により経過措置型医療法人から拠出型医療法人に移行した場合には、出資者が拠出型医療法人に対して、出資持分を贈与したものとされ、原則として拠出型医療法人を個人とみなして贈与税課税が行われます。

(ロ) 贈与税課税が行われる趣旨

拠出型医療法人を個人とみなして、贈与税を課税する趣旨は、出資持分の放棄が行われない場合に、出資者が死亡した際に課税されるはずであった相続税を補完することにあります。

つまり、出資者が出資持分を放棄しなければ、出資者が死亡した時点で出資持分に対して相続税が課税されるはずであったにもかかわらず、出資持分を放棄することで出資持分に対して相続税は課税されないことになります。

そのため、出資者やその親族が拠出型医療法人を実質的に支配していると認められる場合には、出資者に係る相続税等の負担が不当に減少するものとして、出資持分の放棄が行われた時点で、拠出型医療法人を個人とみなして、

第3章　経過措置型医療法人から拠出型医療法人・基金拠出型医療法人への移行

贈与税が課税されます。

【イメージ図】

(ハ)　贈与税課税が行われない場合

　公益法人等やその他公益を目的とする事業を行う法人（医療法人も含まれます）に対し財産の贈与があった場合において、その贈与をした者の親族その他これらの者と特別な関係がある者の相続税又は贈与税の負担が不当に減少しないと認められる場合には、上記(イ)の贈与税は課税されません。

【課税関係の整理】

持分放棄をする出資者側		持分放棄を受ける医療法人側	
個人出資者の場合	法人出資者の場合		
所得税課税 課税は生じない	法人税課税 放棄に伴う寄附金は一般寄附金に該当するものとして「寄附金の損金不算入」規定適用	贈与税課税	一定の要件を満たさない場合、医療法人を個人とみなして贈与税課税 ただし、一定の要件を満たす場合、医療法人に対する贈与税課税は生じない
		法人税課税	課税は生じない

35

9　贈与税課税が生じないための要件

Q 経過措置型医療法人から拠出型医療法人に移行した場合には、原則として贈与税課税が生じるとのことですが、一定の要件を満たせば、贈与税課税が生じないと聞きました。贈与税課税が生じないためには、どのような要件を満たせばよいのでしょうか。

ポイント
- ◆拠出型医療法人が社会医療法人又は特定医療法人と同程度の要件を満たしている場合には、贈与税は課税されない。
- ◆要件充足の判定は、贈与税の申告書の提出期限において行われる。

A　（1）　贈与税課税が行われない要件

　拠出型医療法人が次の4つの要件（1号から4号）を満たすときは、相続税又は贈与税の負担が不当に減少する結果となると認められないため、拠出型医療法人に贈与税は課税されません。

【相続税法施行令第33条第3項】

	要　件
1号	運営組織の適正性 同族親族等が役員等の総数の3分の1以下
2号	法人関係者に対する特別の利益供与の禁止
3号	残余財産の帰属先を国若しくは地方公共団体又は公益法人等に限定
4号	法令違反等公益に反する事実なし

　当該4つの要件（1号から4号）を満たすかどうかの具体的な判定は「（6）贈与税課税が生じないための要件チェックシート」を参照下さい。

（2） 運営組織が適正であることの要件

（1）の1号要件である「運営組織の適正性」については、①定款等に定めるべき事項、②事業運営が適正であること、③事業が社会的存在として認識される程度の規模を有していることが、判定の基準となっています。

① 定款等に定めるべき事項

定款等に定めるべき事項として、役員その他の機関の構成、その選任方法その他事業の運営の基礎となる重要な事項についてその取扱いが定められていることが必要となります。

② 事業運営が適正であること

法人の運営組織が適正であるためには、定款等に定めるべき事項が定められているだけでなく、その事業の運営及び役員等の選任等が、法令及び定款等に基づき適正に行われていることが必要になります。

ただし、他の一の法人等の役員及び職員の数が、当該法人の役員等のうちに占める割合の3分の1を超えている場合には、役員等の選任が適正に行われていないものとされますので注意が必要です。

③ 事業が社会的存在として認識される程度の規模を有していること

医療法人は「その事業を行う地域又は分野において社会的存在として認識される程度の規模を有している」必要があり、具体的には次表の基準を満たす必要があります。

つまり、この「社会的存在として認識される程度の規模」とは、特定医療法人又は社会医療法人と同程度の要件を満たす必要があるといえます。

【社会的存在として認識される程度の規模】

	特定医療法人と同程度の要件	社会医療法人と同程度の要件
事業基準	社会保険診療等に係る収入金額が全収入金額の80％を超えること	社会保険診療等に係る収入金額が全収入金額の80％を超えること
事業基準	自費患者に対する請求金額が、社会保険診療報酬と同一基準により計算されること	自費患者に対する請求金額が、社会保険診療報酬と同一基準により計算されること
事業基準	医療診療収入≦患者等のために直接必要な経費×1.5	医療診療収入≦患者等のために直接必要な経費×1.5
事業基準	役職員1人の年間給与総額が3,600万円以下	役員及び評議員に対する報酬等の支給基準を明示
施設基準	病院法人 　40床以上又は救急指定 診療所法人 　15床以上かつ救急指定	病院又は診療所の名称が5疾病5事業に係る医療連携体制を担うものとして医療計画に記載
施設基準	差額ベッド数が全病床数の30％以下であること	

（3）　同族親族等が役員等の総数の3分の1以下であることの要件

　定款において、役員等のうちに同族親族等の占める割合を3分の1以下とすることが定められている必要があります。

　ここでいう役員等とは「理事、監事、評議員その他これらに準ずるもの」をいい、社員は含まれません。

　一方、特定医療法人、社会医療法人については、役員だけでなく、社員についても、同一親族等の占める割合がそれぞれの総数の3分の1以下であることが必要となります。

【参考】特定医療法人モデル定款第6条

本社団の社員中、親族等の数は、社員総数の3分の1以下としなければな

らない。

【参考】医療法第42条の2第2項

社団たる医療法人の社員のうちには、各社員について、その社員、その配偶者及び三親等以内の親族その他各社員と厚生労働省令で定める特殊の関係がある者が社員の総数の3分の1を超えて含まれることがないこと。

（4） 特別の利益供与の禁止

（1）の2号要件である「特別の利益供与の禁止」については、法人の事業運営に関し、特定の者に特別の利益を与えることは、相続税等の負担を不当に減少させる結果となると認められることになるため、判定要素の1つとして定められています。

なお、特別の利益供与の禁止に該当する行為についての具体例は、次の通りとなります。

【特別の利益供与の具体例】

> その法人の設立者、役員等若しくは社員又はこれらの者の親族その他特殊の関係がある者等（以下「特定の者」という）に対して、次に掲げるいずれかの行為をし、又は行為をすると認められる場合
> ① 当該法人の所有する財産を特定の者に居住、担保その他の私事に利用させること
> ② 当該法人の余裕金を特定の者の行う事業に運用していること
> ③ 当該法人の他の従業員に比し有利な条件で、特定の者に金銭の貸付けをすること
> ④ 当該法人の所有する財産を特定の者に無償又は著しく低い価額の対価で譲渡すること
> ⑤ 特定の者から金銭その他の財産を過大な利息又は賃借料で借り受けること

⑥ 特定の者からその所有する財産を過大な対価で譲り受けること又は特定の者から当該法人の事業目的の用に供するとは認められない財産を取得すること

⑦ 特定の者に対して、当該法人の役員等の地位にあることのみに基づき給与等を支払い、又は当該法人の他の従業員に比し過大な給与等を支払うこと

⑧ 特定の者の債務に関して、保証、弁済、免除又は引受け（当該法人の設立のための財産の提供に伴う債務の引受けを除く）をすること

⑨ 契約金額が少額なものを除き、入札等公正な方法によらないで、特定の者が行う物品の販売、工事請負、役務提供、物品の賃貸その他の事業に係る契約の相手方となること

⑩ 事業の遂行により供与する利益を主として、又は不公正な方法で、特定の者に与えること

（5） 要件を充足しているかどうかの判定時期

　拠出型医療法人へ移行した法人が、移行時において（1）の1号から4号の要件を満たさない場合でも、贈与税の申告書の提出期限までに要件を満たすこととなったときは、贈与税は課税されません。

　ただし、贈与税の申告書の提出期限以後において、要件を充足しなくなった場合には、贈与税が課税されることがありますので注意が必要です。

第3章　経過措置型医療法人から拠出型医療法人・基金拠出型医療法人への移行

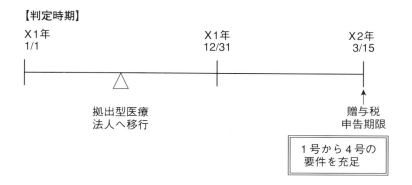

41

（6）贈与税課税が生じないための要件チェックシート

1	運営組織の適正性（相続税法施行令第33条第3項第1号）	☐

① 定款などに定めるべき事項（個別通達15（1）ハ（イ））

A　理事の定数は6人以上、監事の定数は2人以上であること。	☐
B　理事及び監事の選任は、例えば、社員総会における社員の選挙により選出されるなどその地位にあることが適当と認められる者が公正に選任されること。	☐
C　理事会の議事の決定は、次のEに該当する場合を除き、原則として、理事会において理事総数（理事現在数）の過半数の議決を必要とすること。	☐
D　社員総会の議事の決定は、法令に別段の定めがある場合を除き、社員総数の過半数が出席し、その出席社員の過半数の議決を必要とすること。	☐
E　次に掲げる事項（次のFにより評議員会などに委任されている事項を除く。）の決定は、社員総会の議決を必要とすること。 　この場合において、次の(E)及び(F)以外の事項については、あらかじめ理事会における理事総数（理事現在数）の3分の2以上の議決を必要とすること。 (A)　収支予算（事業計画を含む。） (B)　収支決算（事業報告を含む。） (C)　基本財産の処分 (D)　借入金（その会計年度内の収入をもって償還する短期借入金を除く。）その他新たな義務の負担及び権利の放棄 (E)　定款の変更 (F)　解散及び合併 (G)　当該法人の主たる目的とする事業以外の事業に関する重要な事項	☐

第3章　経過措置型医療法人から拠出型医療法人・基金拠出型医療法人への移行

F　社員総会のほかに事業の管理運営に関する事項を審議するため評議員会などの制度が設けられ、上記(E)及び(F)以外の事項の決定がこれらの機関に委任されている場合におけるこれらの機関の構成員の定数及び選任並びに議事の決定については次によること。 (A)　構成員の定数は、理事の定数の2倍を超えていること。 (B)　構成員の選任については、上記Bに準じて定められていること。 (C)　議事の決定については、原則として、構成員総数の過半数の議決を必要とすること。	☐
G　上記CからFまでの議事の表決を行う場合には、あらかじめ通知された事項について書面をもって意思を表示した者は、出席者とみなすことができるが、他の者を代理人として表決を委任することはできないこと。	☐
H　役員等には、その地位にあることのみに基づき給与等を支給しないこと。	☐
I　監事には、理事（その親族その他特殊の関係がある者を含む。）及び評議員（その親族その他特殊の関係がある者を含む。）並びにその法人の職員が含まれてはならないこと。また、監事は、相互に親族その他特殊の関係を有しないこと。	☐

② **事業運営が適正であること（個別通達15（2））**

贈与等を受けた法人の事業の運営及び役員等の選任等が、法令及び定款、寄附行為又は規則に基づき適正に行われていること。	☐

③ 事業が社会的存在として認識される程度の規模を有していること（個別通達15（3））

（特定医療法人と同程度の要件）　　　　（社会医療法人と同程度の要件）

事業基準	社会保険診療等に係る収入金額が全収入金額の80％を超えること	☐	又は	社会保険診療等に係る収入金額が全収入金額の80％を超えること	☐
	自費患者に対する請求金額が、社会保険診療報酬と同一基準により計算されること	☐		自費患者に対する請求金額が、社会保険診療報酬と同一基準により計算されること	☐
	医療診療収入≦患者等のために直接必要な経費×1.5	☐		医療診療収入≦患者等のために直接必要な経費×1.5	☐
	役職員1人の年間給与総額が3,600万円以下	☐		役員及び評議員に対する報酬等の支給基準を明示	☐
施設基準	病院法人 　40床以上又は救急指定 診療所法人 　15床以上かつ救急指定	☐		病院又は診療所の名称が5疾病5事業に係る医療連携体制を担うものとして医療計画に記載	☐
	差額ベッド数が全病床数の30％以下であること	☐			

2	同族親族等が役員等の総数の3分の1以下（相続税法施行令第33条第3項第1号）	☐

3	法人関係者に対する特別の利益供与の禁止（相続税法施行令第33条第3項第2号、個別通達16）	☐

4	残余財産の帰属先を国若しくは地方公共団体又は公益法人等に限定（相続税法施行令第33条第3項第3号）	☐

5	法令違反等公益に反する事実なし（相続税法施行令第33条第3項第4号）	☐

第3章　経過措置型医療法人から拠出型医療法人・基金拠出型医療法人への移行

10　拠出型医療法人へ移行した場合の贈与税の計算方法

Q　経過措置型医療法人から拠出型医療法人に移行した場合には、一定の要件を満たさないときは、医療法人を個人とみなして、医療法人に対し贈与税が課税されると聞きました。贈与税の具体的な計算方法について教えて下さい。

ポイント

◆一般的な贈与税（暦年課税）は、受贈者が贈与を受けた財産価額の合計額を基礎として贈与税を計算する。

◆経過措置型医療法人から拠出型医療法人に移行した場合の贈与税の計算の場合には、一般的な贈与税（暦年課税）の計算方法と異なり、各贈与者ごとに贈与税を計算し、その後贈与税額を合算して算出する。

A　**（1）　贈与税（暦年課税）の計算方法**

　贈与税の計算は、まず、その年の1月1日から12月31日までの1年間に贈与を受けた財産の価額を合計します。

　続いて、その合計額から基礎控除額110万円を差し引きます。

　次に、その残りの金額（課税価格）に税率を乗じて税額を計算します。なお、税率は【贈与税の速算表】により求めます。

【贈与税の速算表】（平成27年1月1日以後に移行した場合）

基礎控除の課税価格		税率	控除額
超（万円）	以下（万円）	（％）	（万円）
	200	10	
200	300	15	10
300	400	20	25

400	600	30	65
600	1,000	40	125
1,000	1,500	45	175
1,500	3,000	50	250
3,000		55	400

※平成26年12月31日以前に移行した場合

基礎控除後の課税価格		税率	控除額
超（万円）	以下（万円）	（％）	（万円）
	200	10	
200	300	15	10
300	400	20	25
400	600	30	65
600	1,000	40	125
1,000		50	225

（2） 拠出型医療法人へ移行した場合の贈与税の計算方法

　拠出型医療法人を個人とみなして、贈与税を計算する場合には、相続税法第66条の規定に基づき計算することになります。つまり各贈与者からの贈与財産ごとに贈与税額を計算し、その後各贈与税額を合計して算出した贈与税額の合計額をもって、医療法人が納付すべき贈与税額とします。

【相続税法第66条第1項抜粋】

> ～贈与により取得した財産について、当該贈与をした者の異なるごとに、当該贈与をした者の各一人のみから財産を取得したものとみなして算出した場合の贈与税額の合計額をもって当該社団又は財団の納付すべき贈与税額とする。

第3章　経過措置型医療法人から拠出型医療法人・基金拠出型医療法人への移行

【贈与税額の計算イメージ】

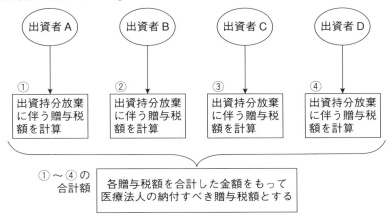

(3)　具体的な計算事例（平成27年1月1日以後に移行した場合）

　下記前提条件のもと、拠出型医療法人に移行した場合には、各出資者（出資者AからD）が各出資持分評価額相当額を医療法人に贈与したものとみなして、贈与税額を計算することになります（「贈与税額の計算」参照）。この場合、医療法人の贈与税負担額は15,015千円となります。

【前提条件】　（単位：千円）

出資者	出資持分評価額
出資者A	25,000
出資者B	15,000
出資者C	5,000
出資者D	5,000

【贈与税額の計算】　　　　　　　　　　　　　　　　　　　　　　（単位：千円）

出資者	出資持分評価額 ①	基礎控除額 ②	税率 ③	控除額 ④	贈与税額 (①-②)×③-④
出資者A	25,000	1,100	50%	2,500	9,450
出資者B	15,000	1,100	45%	1,750	4,505
出資者C	5,000	1,100	20%	250	530
出資者D	5,000	1,100	20%	250	530
合計	50,000				15,015

11 拠出型医療法人への移行手続

Q 経過措置型医療法人から拠出型医療法人に移行する場合の必要な手続について教えて下さい。

ポイント
◆出資持分の取扱いが記載された箇所の定款変更手続が必要となる。
◆定款変更には必要書類を都道府県知事に提出し認可を得る必要がある。

A （1） 手続

経過措置型医療法人から拠出型医療法人に移行する場合には、都道府県知事により定款変更の認可を受ける必要があります。

（2） 定款変更に必要な書類

定款変更を行う場合には、通常次の書類を準備し、都道府県知事に提出する必要があります（都道府県によって、異なる場合があります）。

① 医療法人の定款変更認可申請書
② 新旧条文対照表
③ 現行の定款の写し
④ 新定款の案文
⑤ 議事録（理事会、社員総会）の写し
⑥ 医療法人の概要
⑦ 法人登記の履歴事項全部証明書（直近のもの）正本には原本を添付のこと

（3） 変更が必要な箇所

経過措置型医療法人の出資持分の取扱いが記載された箇所は、モデル定款の第9条及び第34条となっています。経過措置型医療から拠出型医療法人へ移行する場合には、この条文を次の通り修正する必要があります。

変更前	変更後
第9条 社員資格を喪失した者は、その出資額に応じて払戻しを請求することができる。	第●条 削除
第34条 本社団が解散した場合の残余財産は、払込済出資額に応じて分配するものとする。	第●条 本社団が解散した場合の残余財産は、合併及び破産手続開始の決定による解散の場合を除き、次の者から選定して帰属させるものとする。 (1) 国 (2) 地方公共団体 (3) 医療法第31条に定める公的医療機関の開設者 (4) 郡市区医師会又は都道府県医師会（一般社団法人または一般財団法人に限る。） (5) 財団医療法人又は社団医療法人であって持分の定めのないもの

（4） 税務当局等への届出

拠出型医療法人に移行した場合には出資金の額がなくなりますので資本金の額の異動について税務署に異動届出を提出する必要があります（都道府県と市町村に対しても出資金の異動について届出を提出する必要があります）。

第3章　経過措置型医療法人から拠出型医療法人・基金拠出型医療法人への移行

12　基金拠出型医療法人への移行に伴う税務

Q 経過措置型医療法人から基金拠出型医療法人に移行した場合の課税関係について教えて下さい。

ポイント

- ◆出資持分のすべてを基金として振り替える場合、個人である出資者は、当初出資金を超える部分（利益剰余金部分）に相当する額の配当を受けたものとして、みなし配当課税が生じる。
- ◆出資持分のすべてが基金として振り替えられる場合、医療法人は何ら経済的利益を受けていないため、課税は生じない。
- ◆出資持分のうち当初出資金部分を基金として振り替え、残りの部分を放棄する場合、個人である出資者は、当初出資金額を超えた配当を受けていないため、課税は生じない。
- ◆出資持分のうち当初出資金部分を基金として振り替え、残りの部分を放棄する場合、医療法人は出資者による放棄部分について経済的利益を受けたものとみなされ、贈与税が課税される。ただし、一定の要件を充足する場合には課税されない。

A　（1）　基金拠出型医療法人への移行の概要

　経過措置型医療法人から基金拠出型医療法人へ移行する場合、移行と同時にその有する出資持分を基金として振り替えることができます。その際、出資持分（出資金部分と利益剰余金部分）のうちどの部分を基金として振り替えるかも任意で選択でき、その選択によって、出資者側、医療法人側の課税関係も異なります。

　ここでは、次の2つのケースについて課税関係を整理します。

① 出資持分のすべてを基金として振り替える場合
② 出資持分のうち当初出資金部分を基金として振り替え、残りの部分を放棄する場合

(2) 出資持分のすべてを基金として振り替える場合

① 出資者（個人）側の課税

(イ) みなし配当

出資持分のすべてを基金として振り替えるということは、出資者にとっては、出資持分のすべてが基金という医療法人に対する債権に変わることを意味します。これを課税上は、当初出資金に対し、利益剰余金部分も含めた額で払戻しを受け、同額を基金として拠出したものとして取り扱います。

したがって、出資持分の払戻額のうち、当初出資金を超える部分、すなわち利益剰余金部分に相当する額の配当を受けたものとして、みなし配当課税が生じます。

(ロ) 配当控除

個人がみなし配当課税を受ける場合には、配当とみなされる金額の10％（その年の課税総所得金額が1千万円を超える場合のその超える部分の金額については5％）を所得税額から直接控除することができます。

(ハ) みなし配当を受けた場合の源泉徴収

出資者にみなし配当課税が生じる場合には、医療法人側で源泉徴収義務が生じます。したがって配当とみなされた金額の20％（これに加えて復興特別

第3章　経過措置型医療法人から拠出型医療法人・基金拠出型医療法人への移行

所得税0.42％）を源泉徴収し、翌月10日までに納付する必要があります。

②　医療法人側の課税関係

⑴　法人税の課税

出資持分のすべてが基金に振り替わるということは、医療法人にとっては、実質的に出資持分を全額払戻したことと変わらず、何ら経済的利益を受けていないため、法人税の課税は生じません。

⑵　贈与税の課税

⑴のとおり、医療法人は何ら経済的利益を受けていないため、贈与税の課税は生じません。

（3）　出資持分のうち当初出資金部分を基金として振り替え、残りの部分を放棄する場合

①　出資者側（個人）の課税関係

出資持分のうち当初出資金部分のみを基金として振り替えることは、出資者にとっては、当初出資金部分が基金という医療法人に対する債権に変わり、残りの部分を放棄することを意味します。これを課税上は、当初出資金に対し、その当初出資した額で払戻しを受け、同額を基金として拠出したものとして取り扱います。

したがって、原則として配当とみなされる額はなく、みなし配当課税は生じません。

②　医療法人側の課税関係

⑴　法人税の課税

出資持分のうち当初出資金部分のみが基金として振り替わるということは、残りの部分は放棄されることとなるため、その放棄された部分について、医療法人には経済的利益が生じています。

しかし、持分の定めのない医療法人への移行時に、出資持分の払戻しをし

なかったことで生ずる利益の額は、医療法人の益金の額に算入しないこととされているため、法人税の課税は生じません（Q8参照）。

　㈻　贈与税の課税

　㈵のとおり、医療法人は出資者から経済的利益を受けていることから、原則として医療法人を個人とみなして贈与税が課税されます。ただし、出資者に係る相続税等の負担が不当に減少するものと認められない場合には、贈与税課税は行われません（Q8、9参照）。

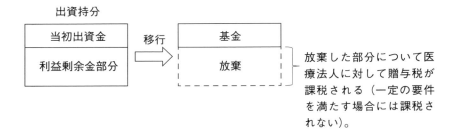

13　基金拠出型医療法人への移行手続

Q 経過措置型医療法人から基金拠出型医療法人に移行する場合の必要な手続について教えて下さい。

ポイント
- ◆基金制度は社団である医療法人で持分の定めのないもの（つまり拠出型医療法人）について認められている制度である。
- ◆経過措置型医療法人から基金拠出型医療法人に移行する場合には、拠出型医療法人に移行すると同時に、基金制度を採用する必要がある。
- ◆経過措置型医療法人から基金拠出型医療法人への移行時に、出資持分を基金に振り替えることもできる。

A　(1)　基金制度

　基金とは、社団医療法人で持分の定めのないものに拠出された金銭その他の財産であって、当該医療法人が拠出者に対して、定款の定めるところに従い返還義務（金銭以外の財産については、拠出時の当該財産の価額に相当する金銭の返還義務）を負うものであり、剰余金の分配を目的としないという医療法人の基本的性格を維持しつつ、その活動の原資となる資金を調達し、その財政的基礎の維持を図るための制度をいいます。この基金制度を採用した医療法人を「基金拠出型医療法人」といいます。

　つまり、基金制度を採用できるのは、社団医療法人で持分の定めのないもの（拠出型医療法人）に限られていることになります（なお、基金制度については Q15 参照）。

(2) 基金拠出型医療法人への移行

経過措置型医療法人が基金拠出型医療法人に移行する場合には、拠出型医療法人に移行する定款変更と基金制度を採用する定款変更を同時に行います。（各定款変更手続については、Q11およびQ20参照）

【移行のイメージ】

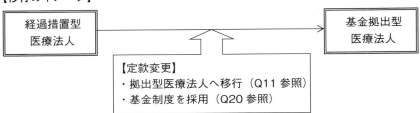

このとき、基金拠出型医療法人への移行と同時に、その有する出資持分を基金として振り替えることも可能です。また、出資持分のうち基金として振り替える部分についても、出資持分のすべてを振り替えるケースや当初出資金のみを振り替えるケースなど、任意に選択できます（基金拠出の手続については Q16 参照）。

(3) 税務当局への届出

①出資金の異動

移行により出資金の額がなくなりますので、出資金の異動について移行後速やかに納税地の所轄税務署に異動届出書を提出する必要があります（都道府県と市町村に対しても出資金の異動について届出書を提出する必要があります）。

②基金制度の採用

基金制度を採用するための定款変更認可を受けた日から2か月以内に、定款変更認可書に定款の写し等を添付し、これを納税地の所轄税務署長に提出する必要があります。

第3章　経過措置型医療法人から拠出型医療法人・基金拠出型医療法人への移行

14　拠出型医療法人移行後の税務

Q 経過措置型医療法人から拠出型医療法人へ移行した場合の税務上の処理及び留意点について教えて下さい。

ポイント

◆拠出型医療法人移行後は「資本又は出資を有しない法人」となる。
◆個人側（理事長）の相続税計算において小規模宅地等の評価減特例（特定同族会社事業用宅地等）の適用要件を満たしている場合、移行後適用要件を満たさなくなるため注意が必要。
◆医療法人側では移行後、中小企業者等の特例適用、交際費等の損金不算入計算、寄附金の損金算入限度額計算、住民税の均等割の税率が変わるため注意が必要。

A　(1)　移行後の会計上及び税務上の処理

　拠出型医療法人には出資金という概念がありません。そのため、経過措置型医療法人から拠出型医療法人へ移行した場合、会計上及び税務上の処理は下記の通りとなります。

【会計上の仕訳】
　出資金／資本剰余金
　※医療法人会計基準では出資金（繰越利益積立金含む）は設立等積立金として処理される。

【税務上の仕訳】
　資本金等の額／利益積立金額

（2）移行後の税務上の留意点

① 個人側（理事長）の税務

経過措置型医療法人の場合、相続開始の直前において出資割合が10分の5超であるなど一定の要件を充足している宅地等については、「特定同族会社事業用宅地等」としてその宅地等の相続税評価額の80％が減額（ただし400㎡までが対象）されます。

一方、拠出型医療法人移行後は、「資本又は出資を有しない法人」に該当するため、出資割合要件を満たさなくなります。その結果、「特定同族会社事業用宅地等」には該当せず、80％減額の適用を受けることができなくなります。

なお、拠出型医療法人への移行後においても、被相続人の貸付事業の用に供されていますので、一定の要件を充足することにより、「貸付事業用宅地等」として50％減額（ただし200㎡までが対象）の適用を受けることはできます。

② 医療法人側の税務

(イ)　中小法人に対する優遇措置

拠出型医療法人は「資本又は出資を有しない法人」に該当し、一定の要件を満たすことで次のような特例の適用を受けることができます。

・法人税の軽減税率
・貸倒引当金の法定繰入率の特例
・欠損金の繰戻還付制度

また、拠出型医療法人で、常時使用する従業員数が1,000人以下である場

第3章 経過措置型医療法人から拠出型医療法人・基金拠出型医療法人への移行

合には、一定の要件を満たすことにより、次の特例の適用を受けることができます。

　・中小企業者等の少額減価償却資産の取得価額の損金算入の特例
　・中小企業者等が機械等を取得した場合の特別償却または法人税額の特別控除

【平成26年4月1日から平成28年3月31日までに開始する事業年度の損金不算入額】

期末出資金の額	損金不算入額
1億円以下	①定額控除限度額（年800万円）を超える金額 ②接待飲食費の50%(注)を超える金額 ⇒上記①と②は選択
1億円超	接待飲食費の50%を超える金額

（注）接待飲食費には、専らその法人の役員、従業員等に対する接待等のために支出する費用（いわゆる社内接待費）は含まれない。

(ロ)　交際費等の損金不算入

　経過措置型医療法人の場合、各事業年度における期末出資金の額に応じて、下記のように交際費の損金不算入額が決まっています。

　一方、拠出型医療法人は「資本又は出資を有しない法人」に該当するため、下記算式により計算した金額を期末出資金の額に準ずる額として損金不算入額を計算します。

【出資金の額に準ずる額】

（期末総資産額－期末総負債額－当期利益の額※）×60/100
　※貸借対照表に当期の欠損金額が計上されている場合には、
（期末総資産額－期末総負債額＋当期欠損金の額）×60/100で計算する

(ハ)　寄附金の損金不算入

　経過措置型医療法人の場合、寄附金の損金算入限度額は下記算式により計

算します。

【損金算入限度額の計算】

(期末資本金等の額×当期の月数/12×2.5/1,000＋当該事業年度の所得の金額×2.5/100)×1/4

一方、拠出型医療法人は「資本又は出資を有しない法人」に該当するため、下記算式により損金算入限度額を計算します。

【損金算入限度額の計算】

当該事業年度の所得の金額×1.25/100

㈡　都道府県民税及び市町村民税の均等割

経過措置型医療法人の場合、均等割の税率は「期末資本金等の額及び期末従業者数」により計算することになります。

一方、拠出型医療法人は「資本又は出資を有しない法人」に該当するため、均等割の税率は最低金額が適用されることになります。

第4章

拠出型医療法人から
基金拠出型医療法人への移行

15　基金拠出型医療法人の概要

Q 基金拠出型医療法人とはどのような法人ですか。

ポイント
- ◆基金制度とは、持分の定めのない拠出型医療法人の活動の原資となる資金を調達するために第5次医療法改正により創設された制度をいう。
- ◆基金制度を採用する場合には、定款に基金に関する定めを置かなければならない。
- ◆基金の返還は、一定額の純資産があり、かつ、定時社員総会の決議を経た場合に限り、行うことができる。
- ◆基金制度を採用した場合には、定款変更がなされた日以後2ヶ月以内に税務当局への届出が必要とされる。
- ◆基金拠出型医療法人が社会医療法人や特定医療法人に移行する場合には、基金の拠出者に対して、基金の全額を返還し、かつ、定款から基金に関する定めを削除する必要がある。

A　（1）　基金制度とは

　基金制度とは、持分の定めのない社団医療法人について、剰余金の分配を目的としないという基本的性格を維持しつつ、活動の原資となる資金を調達し、医療法人の財産的安定を図ることを趣旨として、第5次医療法改正により新設された制度です。

　この制度を採用した医療法人を「基金拠出型医療法人」といいます。なお、基金制度を採用する場合には、定款に基金に関する定めを置かなければなりません。

　基金とは、医療法人に拠出された金銭やその他の財産で医療法人が返還義

務を負うものをいいます。

(2) 基金の返還

　基金拠出型医療法人は、基金の拠出者に対して、拠出された基金の返還義務を負います。言い換えると、基金の拠出者は、拠出した額を限度に拠出した金銭等の返還が受けられます。
　なお、基金の返還に際しては、利息を付すことはできません。
　また、基金の返還は、ある事業年度に係る純資産額が一定の基準を満たし、かつ、定時社員総会の決議を経た場合に限り、行うことができます。

(3) 税務当局への届出

　基金制度を採用する社団医療法人は、基金制度を採用するための定款変更認可を受けたときは、定款変更の認可日以後2ヶ月以内に、定款変更認可書に定款の写し等を添付し、これを納税地の所轄税務署長に提出することとされています。

(4) 基金拠出型医療法人が社会医療法人・特定医療法人へ移行する場合

　基金拠出型医療法人が社会医療法人の認定を受ける場合又は特定医療法人の承認を受ける場合には、基金の拠出者に対して基金の全額を返還し、かつ、定款から基金に関する定めを削除する必要があります。
　すなわち、基金拠出型医療法人のままでは、社会医療法人や特定医療法人への移行はできません。

16 基金募集の手続

Q 基金を募集する際の手続等について教えて下さい。

ポイント
◆基金を募集する場合には、基金に関する事項を定款に定める必要がある。
◆実際に基金を募集する場合には、募集事項の決定→基金の申込手続→基金の割当て→基金の拠出の履行の手続が必要となる。
◆引受者が単独である場合には、上記の手続のうち、基金の申込手続及び基金の割当ての手続が不要となる。

A 基金の募集については、以下の手続が必要とされます。

(1) 定款の定め

基金を募集する場合には、次に掲げる事項を定款に定めなければなりません（医療法施行規則第30条の37）。

① 基金の拠出者の権利に関する規定
② 基金の返還の手続

(2) 募集事項の決定

基金を募集する場合には、その都度、次に掲げる事項を定めなければなりません。

① 募集に係る基金の総額
② 金銭以外の財産の拠出を目的とするときは、その旨並びにその財産の内容及びその価額
③ 基金の拠出に係る金銭の払込み又は②の財産の給付の期日又はその期間

（3） 基金の申込み

① 医療法人側の手続

基金拠出型医療法人は、基金の募集に応じて基金の申込みをしようとする者に対して、次に掲げる事項を通知しなければなりません。

(イ) 社団医療法人の名称
(ロ) 募集事項
(ハ) 金銭の払込みの場合には、払込みの取扱いの場所
(ニ) 基金の拠出者の権利に関する規定
(ホ) 基金の返還の手続
(ヘ) 定款に定められた事項（(イ)～(ホ)を除く）で、基金の申込みをしようとする者が社団医療法人に対して通知することを請求した事項

② 申込者側の手続

基金の申込みをしようとする者は、次に掲げる事項を記載した書面を社団医療法人に提出しなければなりません。

(イ) 申込者の氏名又は名称及び住所
(ロ) 引き受けようとする基金の額

（4） 基金の割当て

社団医療法人は、申込者の中から基金の割当てを受ける者を定め、かつ、その者に割り当てる基金の額を定めなければなりません。

また、（2）③で定めた期日（期間を定めた場合には、その期間の初日）の前日までに、申込者に対して、申込者に割り当てる基金の額を通知しなければなりません。

（5） 基金の拠出の履行

基金の引受人は、（2）③で定めた期日又は期間内に、社団医療法人が定めた銀行等の払込みの取扱いの場所において、基金の払込金額の全額を払い込まなければなりません。

なお、金銭以外の財産を拠出する場合には、（2）③で定めた期日又は期間内に、金銭以外の財産を給付（登記、登録などの権利を社団医療法人に移転すること等）しなければなりません。

（6） 単独で基金の総額を引き受ける場合の特則

基金を引き受けようとする者が、その総額を引き受けようとする場合には、（3）及び（4）の手続は必要ありません。

17　金銭以外の財産による基金の拠出

Q 基金に拠出する財産が、金銭以外の財産である場合に必要な手続について教えて下さい。

ポイント
- ◆拠出する財産が金銭以外の財産である場合には、その財産の価額が相当であることについて、弁護士、弁護士法人、公認会計士、監査法人、税理士、税理士法人による証明が必要とされる。
- ◆しかしながら、拠出される財産が500万円以下であるなど一定の場合には、上記の証明は不要である。

A　（1）　財産の価額の証明

　基金の募集に際して、金銭以外の財産が拠出される場合には、拠出される財産の価額が相当であることの証明が必要とされます。
　具体的には、財産の価額が相当であることについて、弁護士、弁護士法人、公認会計士、監査法人、税理士又は税理士法人の証明が必要です。なお、拠出される財産が不動産である場合には、この証明に加えて、不動産鑑定士の鑑定評価が必要です。

（2）　証明が不要な場合

次に掲げる場合には、（1）の証明は不要となります。
① 拠出する財産が市場価格のある有価証券であって、拠出する価額を決定する日における最終価格以下の価額で拠出される場合
② 拠出する財産が社団医療法人に対する金銭債権（弁済期限が到来しているものに限る）であって、当該負債の帳簿価額以下の価額で拠出され

る場合

③　拠出される財産の総額が500万円以下である場合

（3）　証明ができない者

次に掲げる者は、たとえ税理士等であっても、（1）の証明をすることができません。

①　社団医療法人の理事、監事又は使用人（社団医療法人の設立前にあっては、設立時の社員、理事又は監事）

②　基金の引受人

③　業務の停止の処分を受け、その停止の期間を経過しない者

④　弁護士法人、監査法人又は税理士法人であって、その社員の半数以上が①又は②に掲げる者のいずれかに該当するもの

18　基金の返還

Q 基金を返還する際に必要な手続について教えて下さい。

ポイント
◆基金を返還する場合には、定時社員総会の決議が必要とされる。
◆返還できる金額は、医療法人の純資産を基礎とした一定の金額に限られ、かつ、返還する場合には、返還する額と同額の利益剰余金を代替基金として計上しなければならない。
◆上記に違反して、基金を返還した場合には、返還に関する職務を行った業務執行者は、原則として限度額を超過して返還した金額について、返還義務を負うことになる。
◆上記に違反して返還が行われた場合には、他の債権者は、返還を受けた者に対して、返還請求をすることができる。

A 基金の返還については、以下の手続が必要とされます。

(1) 定時社員総会の決議

基金の返還は、定時社員総会の決議によって行わなければなりません。

(2) 返還できる基金の額

返還できる基金の額には、一定の制限があります。
具体的には、次の算式により計算した金額を限度として、基金の返還が認められます。

（3） 代替基金の計上

基金を返還する場合には、返還をする基金と同額の利益剰余金を代替基金として計上しなければなりません。このことは、基金の返還をする場合には、返還する額と同額の利益剰余金がないと返還できないということを意味します。

なお、計上された代替基金は、取り崩すことはできません。

（4） 限度額を超えて返還した場合

① 業務執行者等の返還義務

（2）で計算された限度額を超えて、基金の返還をした場合には、返還を受けた者及び返還に関する職務を行った業務執行者（返還に関する業務を執行した理事、その他返還に関する業務の執行に職務上関与した者をいいます）は、社団医療法人に対して、連帯して、限度額を超えて返還された金額を弁済する責任を負います。

ただし、業務執行者は、返還を行うに際して、注意を怠らなかったことを証明したときは、この責任は負いません。

② 社団医療法人の債権者による返還請求

（2）で計算された限度額を超えて基金の返還が行われた場合には、社団医療法人の債権者は、返還を受けた者に対して、返還を受けた金額を社団医療法人に対して返還することを請求できます。

（5） 返還に伴う処理の具体例

【具体例】　基金返還前の貸借対照表が以下の通りである場合において
① 基金の返還可能額はいくらになるか
② 基金100を返還した場合の処理はどのように行われるか

第4章　拠出型医療法人から基金拠出型医療法人への移行

基金返還前の貸借対照表

```
┌─────────────────┬─────────────────┐
│                 │   負債          │
│                 │   400           │
│   資産          ├─────────────────┤
│                 │   基金          │┐
│   1,000         │   200           ││
│                 ├─────────────────┤│
│                 │   資本剰余金    ││
│                 │   100           ││純資産の額
│                 ├──┬──────────────┤│700
│                 │利│繰越利益剰余金││
│                 │益│300           ││
│                 │剰│              ││
│                 │余│              ││
├─────────────────┤金├──────────────┤│
│ 資産時価評価益  │  │評価・換算差額等││
│ 100             │  │100           │┘
└─────────────────┴──┴──────────────┘
```

①　基金の返還可能額

基金の返還可能額は、以下のように計算されます。

②　基金100を返還した場合の処理

基金100を返還した場合は、以下の処理が行われます。

イ　基金の返還の仕訳

　（基　金）100　／　（現　金）100

ロ　返還額と同額の代替基金の計上

　（繰越利益剰余金）100　／　（代替基金）100

基金返還後の貸借対照表

資産 900	負債 400	
	基金 100	純資産の額 600
	資本剰余金 100	
	利益剰余金 / 代替基金 100	
	利益剰余金 / 繰越利益剰余金 200	
資産時価評価益 100	評価・換算差額等 100	

第4章　拠出型医療法人から基金拠出型医療法人への移行

19　基金拠出型医療法人への移行に伴う税務

Q 現在、拠出型医療法人として事業運営をしています。医療法人の財務基盤強化のため、基金制度を採用して、個人で金銭及び金銭以外の財産（土地・建物）を拠出する予定です。この場合、課税上注意すべき事項はありますか。

ポイント

◆基金拠出財産が金銭である場合には、拠出者側・医療法人側での課税関係は生じない。
◆基金として金銭以外の財産（土地・建物）を拠出する場合には、拠出した個人側で譲渡税の課税対象となる。

A　(1)　金銭拠出による場合の課税関係

　基金は、医療法人が破産手続開始の決定を受けた場合、基金の返還に係る債権は破産法第99条第2項に規定する約定劣後破産債権とされることから、医療法人からすると基金は債務と同様の性質を有しています。
　そのため、金銭を基金として拠出した場合には、拠出した個人又は受け入れた医療法人側には何らの課税関係も発生しないこととなります。

(2)　金銭以外の財産（土地・建物）拠出による場合の課税関係

　基金の募集に際して、金銭以外の財産（土地・建物）が拠出される場合には、拠出される財産の価額が相当であることについて、専門家による証明及び不動産鑑定士の鑑定評価が必要となります。
　医療法人は、原則として、この鑑定評価額（時価）を基金として受け入れることになります。そのため医療法人側で課税関係が発生することはありま

せん。

　一方、医療法人に不動産を基金拠出した個人は、基金の額を譲渡対価として譲渡税が課税され、拠出する不動産の取得費を超える部分（譲渡益部分）については、譲渡税を納税しなければなりません。

　この際、譲渡対価とされる基金は債権ですから、拠出者には現金が入ってこないにもかかわらず、譲渡税の納税負担のみが生じる場合がありますので注意が必要です。

第4章　拠出型医療法人から基金拠出型医療法人への移行

20　基金拠出型医療法人への移行手続

Q 拠出型医療法人から基金拠出型医療法人に移行する場合の必要な手続について教えて下さい。

ポイント
◆ 基金制度箇所の定款変更手続が必要となる。
◆ 定款変更には必要書類を都道府県知事に提出し認可を得る必要がある。

A （1）　手続

　拠出型医療法人から基金拠出型医療法人に移行する場合には、都道府県知事により定款変更の認可を受ける必要があります。

（2）　定款変更に必要な書類

　定款変更を行う場合には、通常次の書類を準備し、都道府県知事に提出する必要があります（都道府県によって、異なる場合があります）。

---

① 医療法人の定款変更認可申請書
② 新旧条文対照表
③ 現行の定款の写し
④ 新定款の案文
⑤ 議事録（理事会、社員総会）の写し
⑥ 医療法人の概要
⑦ 法人登記の履歴事項全部証明書（直近のもの）正本には原本を添付のこと

(3) 変更が必要な箇所

　基金制度を採用する場合は、社団医療法人の定款に、次のように「基金」の章を追加することが必要となります。

定款例（基金制度追加）
第２章　目的及び事業
第３章　基金
第○条　本社団は、その財政的基盤の維持を図るため、基金を引き受ける者の募集をすることができる。
第○条　本社団は、基金の拠出者に対して、本社団と基金の拠出者との間の合意の定めるところに従い返還義務（金銭以外の財産については、拠出時の当該財産の価額に相当する金銭の返還義務）を負う。
第○条　基金の返還は、定時社員総会の決議によって行わなければならない。
２　本社団は、ある会計年度に係る貸借対照表上の純資産額が次に掲げる金額の合計額を超える場合においては、当該会計年度の次の会計年度の決算の決定に関する定時社員総会の日の前日までの間に限り、当該超過額を返還の総額の限度として基金の返還をすることができる。
(1)　基金（代替基金を含む。）
(2)　資本剰余金
(3)　資産につき時価を基準として評価を行ったことにより増加した貸借対照表上の純資産額
３　前項の規定に違反して本社団が基金の返還を行った場合には、当該返還を受けた者及び当該返還に関する職務を行った業務執行者は、本社団に対し、連帯して、返還された額を弁済する責任を負う。
４　前項の規定にかかわらず、業務執行者は、その職務を行うについて注意を怠らなかったことを証明したときは、同項の責任を負わない。
５　第３項の業務執行者の責任は、免除することができない。ただし、第２項の超過額を限度として当該責任を免除することについて総社員の同意がある場合は、この限りでない。
６　第２項の規定に違反して基金の返還がされた場合においては、本社団の債権者は、当該返還を受けた者に対し、当該返還の額を本社団に対して返還することを請求することができる。
第○条　基金の返還に係る債権には、利息を付することができない。
第○条　基金の返還をする場合には、返還をする基金に相当する金額を代替基金として計上しなければならない。
２　前項の代替基金は、取り崩すことができない。

第5章

医療法人から社会医療法人への移行

21　社会医療法人の概要

Q 社会医療法人とはどのような法人ですか。

ポイント
◆ 地域の中核的医療の担い手として定められている医療法人類型であり、非営利性を徹底すること、救急医療やへき地医療など一定の医療を行うことを求められている。
◆ 公益法人並みの税制優遇がある。

A 社会医療法人は、良質かつ適切な医療を効率的に提供する体制を確保するため、地域医療の重要な担い手である医療法人のうち、非営利性が徹底され、救急医療やへき地医療、周産期医療など特に地域で必要な医療（以下「救急医療等確保事業」）の提供を担う医療法人と位置付けられています。

医療法人のうち、一定の要件を満たし、都道府県知事（又は厚生労働大臣）の認定を受けることにより社会医療法人となります。

社会医療法人の認定を受けた場合には、救急医療など地域の中核医療を担う一方、その医療を行うための資金調達手段として収益業務を営むことや社会医療法人債（公募債）の発行が認められています。

また、医療保健業から生じた所得は法人税が非課税であること及び救急医療等確保事業に係る業務の用に供する固定資産については固定資産税が非課税であることなどの公益法人並みの優遇措置が講じられています。

第5章　医療法人から社会医療法人への移行

22　社会医療法人化のメリット・デメリット

Q 社会医療法人の認定を受けた場合のメリット・デメリットを教えて下さい。

ポイント

◆社会医療法人の認定を受けた場合のメリット
① 　公益法人並みの優遇税制の適用が受けられる。
② 　一定の収益業務を行うことができる。
③ 　出資持分の放棄により将来の出資持分に係る相続税の負担がなくなる。
④ 　一般の医療法人では営めない社会福祉法に定める第一種社会福祉事業を営むことができる。
⑤ 　社会医療法人債が発行できる。

◆社会医療法人の認定を受けた場合のデメリット
① 　役員等の同族割合が3分の1以下となることから、同族運営が継続できなくなる。
② 　一定基準以上の救急医療等を提供し続けなければならない。
③ 　認定の取消しを受けた場合には、一度に多額の法人税等が課税される。

A　(1)　社会医療法人の認定を取得した場合のメリット

社会医療法人の認定を受けた場合には、次に掲げるメリットが考えられます。

① **優遇税制の適用が受けられる**
社会医療法人の認定を受けると次に掲げる優遇税制の適用が受けられます。

> (イ) 医療保健業から生ずる所得は法人税が非課税であること
> (ロ) 救急医療等確保事業の用に供する固定資産については、固定資産税及び不動産取得税が非課税であること

　このような優遇税制の適用を受けることにより、資金収支の大幅な改善が見込まれます。

② 医療以外の業務（収益業務）を行うことができる

　社会医療法人は、救急医療等確保事業を営まなければなりませんが、救急医療等確保事業は赤字になりがちであることから、救急医療等確保事業を行うための資金調達手段として収益業務を営むことが認められています。

③ 出資持分の放棄により相続税の負担がなくなる

　医療法人の出資持分は、配当ができないことから、評価額は右肩上がりに上昇していく傾向にあります。評価額が上昇していくということは、出資者の財産額が増えるということであり、最終的には高額な相続税負担が生じます。

　一方、社会医療法人の認定を取得するためには、持分の定めのない医療法人であることが必要です。したがって、持分の定めのある社団医療法人の場合には、出資持分を放棄する必要があります。

　この結果、持分の定めのない医療法人になりますので、当然のことではありますが、出資持分に対する相続税が発生しなくなります。

④ 社会医療法人以外の医療法人では営めない社会福祉法に定める第一種社会福祉事業を営むことができる

　社会医療法人は、社会福祉法に定める第一種社会福祉事業のうち、乳児院などの施設を営むことができます。

⑤　社会医療法人債の発行

社会医療法人は、救急医療等確保事業の実施に施するため、社会医療法人債を発行することができます。

（2）　社会医療法人の認定を取得した場合のデメリット

①　同族運営ができなくなる

社会医療法人は、公益性の担保や非営利の徹底が要求されていることから、役員等の同族割合を3分の1以下にしなければならず、同族運営は認められていません。

②　一定基準以上の救急医療等を提供し続けなければならない

社会医療法人は、毎年度、一定基準以上の救急医療等確保事業を行うことが要求されています。

③　認定の取消しを受けた場合には、一度に多額の法人税等が課税される

社会医療法人の認定が取り消された場合には、社会医療法人の認定を受けていた期間中に法人税が課税されなかった医療保健業に係る累積所得に対して、一度に法人税等が課されます。

その結果、法人の存続自体が危うくなるという可能性があります。

23 社会医療法人が営める収益業務

Q 社会医療法人は、医療保健業以外に厚生労働大臣が定める収益業務を営めるとのことですがその収益業務について教えて下さい。

ポイント
◆社会医療法人は、農業からサービス業まで多様な収益業務を営むことができる。
◆収益業務を行う場合には、医療保健業と区分して経理しなければならない。

A (1) 社会医療法人が営むことができる収益業務

医療法人は、原則として、医療以外の事業を行うことを禁止されています。
しかし、社会医療法人は、その収益を病院等の経営に充てることを目的として、次に掲げる厚生労働省告示で定める要件を満たした上で、収益業務を行うことができます。

〈厚生労働省告示〉
1．一定の計画の下に収益を得ることを目的として反復継続して行われる行為であって、社会通念上業務と認められる程度のものであること
2．社会医療法人の社会的信用を傷つけるおそれがあるものでないこと
3．経営が投機的に行われるものでないこと
4．当該業務を行うことにより、当該社会医療法人の開設する病院、診療所又は介護老人保健施設（以下「病院等」という。）の業務の円滑な遂行を妨げるおそれがないこと
5．当該社会医療法人以外の者に対する名義の貸与その他不当な方法で経営されるものでないこと

第5章　医療法人から社会医療法人への移行

（2）　社会医療法人が営むことができる収益業務

社会医療法人が営むことができる収益業務は、日本標準産業分類に定める次に掲げる業種です。

【社会医療法人が営むことができる収益業務】

> ①農業、②林業、③漁業、④製造業、⑤情報通信業、⑥運輸業、⑦卸売・小売業、⑧不動産業（「建物売買業、土地売買業」を除く）、⑨飲食店、宿泊業、⑩医療、福祉（病院、診療所又は介護老人保健施設に係るもの及び医療法第42条各号に掲げるものを除く）、⑪教育、学習支援業、⑫複合サービス事業、⑬サービス業

なお、認められていない業種は、鉱業、建設業、電気・ガス・熱供給・水道業、金融・保険業です。

（3）　区分経理

収益業務を営む場合その収益業務に関する会計は、病院等の業務に関する会計から区分して、特別の会計として処理することが求められています。

この場合の区分経理は、収益及び費用のみならず資産、負債及び純資産に関しても区分して経理しなければなりません。

（4）　定款又は寄附行為に定めること

収益業務を行う場合、その収益業務について定款又は寄附行為に定める必要があるため、定款又は寄附行為の変更認可申請手続が必要となります。

【定款等の記載例】

> 第●条　本社団は、前条に掲げる病院を経営するほか、次の業務を行う。
> 　(1)　駐車場業
> 　(2)　料理品小売業

（5）　収益業務に係る税制

収益業務から生じた所得については、法人税の軽減税率（一律19％^(注1,2)）

が適用されます。また、収益業務に属する資産を医療保健業のために支出した場合には、寄附金とみなされます（Q48参照）。

（注1）　平成24年4月1日から平成27年3月31日までに開始する事業年度については、年800万円以下の所得について税率15％が適用されます（平成27年度税制改正により2年延長予定）。

（注2）　平成24年4月1日から平成26年3月31日までに開始する事業年度は、これに加えて法人税額の10％が復興増税として課税されます。

24　社会医療法人が営める第一種社会福祉事業

Q 社会医療法人のみが行うことができる附帯業務とはどのようなものですか。

ポイント
◆社会医療法人は、第一種社会福祉事業に規定されている乳児院などの施設を営むことができる。

A　医療法人は、附帯業務として訪問看護や訪問介護など厚生労働省が定める一定の介護事業や社会福祉事業などを行うことができます。

それに加えて、社会医療法人の場合には、社会福祉法に定める第一種社会福祉事業の乳児院や障害者支援施設など次に掲げる施設を営むことができます。

〈厚生労働省告示〉
- 社会福祉法第2条第2項に規定する第一種社会福祉事業のうち次に掲げるもの
1. 生計困難者を無料又は低額な料金で入所させて生活の扶助を行うことを目的とする施設（生活保護法に規定する宿所提供施設を除く。）を経営する事業及び生計困難者に対して助葬を行う事業
2. 児童福祉法に規定する乳児院、母子生活支援施設、児童養護施設、知的障害児施設、知的障害児通園施設、盲ろうあ児施設、肢体不自由児施設、重症心身障害児施設、情緒障害児短期治療施設又は児童自立支援施設を経営する事業
3. 障害者総合支援法に規定する障害者支援施設を経営する事業
4. 売春防止法に規定する婦人保護施設を経営する事業
5. 授産施設（生活保護法に規定する授産施設を除く。）を経営する事業及び生計困難者に対して無利子又は低利で資金を融通する事業

25 社会医療法人債

Q 社会医療法人は、社会医療法人債の発行が可能ということですが、社会医療法人債とはどのようなものですか。

ポイント
- ◆社会医療法人債は、不特定多数の者から資金を募ることのできる公募債である。
- ◆社会医療法人が実施する救急医療等確保事業の実施に資するための資金調達手法である。

A (1) 社会医療法人債

社会医療法人は、救急医療等確保事業の実施に資するため、社員総会において議決された額又は寄附行為の定めにより評議員会で議決された額を限度として、社会医療法人債を発行することができます。

(2) 社会医療法人債の募集事項

社会医療法人は、社会医療法人債を引き受ける者を募集しようとするときは、その都度、次に掲げる事項等を定めなければなりません。

① 社会医療法人債の発行により調達する資金の使途
② 発行する社会医療法人債の総額
③ 各引受者の社会医療法人債の金額
④ 発行する社会医療法人債の利率
⑤ 発行する社会医療法人債の償還の方法及び期限
⑥ 利息支払の方法及び期限
⑦ 社会医療法人債券（社会医療法人債を表示する証券。以下同じ）を発

行するときは、その旨
⑧ 社会医療法人債の債権者が、社会医療法人債について、記名式及び無記名式の転換を行うことができないこととするときは、その旨
⑨ 社会医療法人債管理者が社会医療法人債権者集会の決議によらずに社債に関する訴訟行為等をすることができることとするときは、その旨
⑩ 社会医療法人債の払込金額若しくはその最低金額又はこれらの算定方法
⑪ 社会医療法人債と引換えにする金銭の払込期日
⑫ 社会医療法人債の総額について割当てを受ける者を定めていない場合において、社会医療法人債の全部を発行しないこととするときは、その旨及びその一定の日
⑬ そのほか、厚生労働省令で定める事項

(3) 社会医療法人債管理者

社会医療法人債管理者とは、社会医療法人に代わって、社会医療法人債の管理等を行う者をいいます。

社会医療法人は、社会医療法人債を発行する場合には、社会医療法人債管理者を定め、社会医療法人債の債権者のために、弁済の受領、債権の保全その他の管理を委託しなければなりません。ただし、社会医療法人債の金額が１億円以上である場合や社会医療法人債権者の保護に欠けるおそれがないものと判断される場合には、その必要はありません。

(4) 社会医療法人債権者集会

社会医療法人債権者集会とは、社会医療法人債の引受者、つまり、社会医療法人債権者で構成される組織をいいます。

社会医療法人債権者集会は、社会医療法人債権者の利害に関する事項等について決議することができます。

(5) 社会医療法人債原簿

社会医療法人は、社会医療法人債を発行した日以後遅滞なく、社会医療法人債原簿を作成しなければなりません。

社会医療法人債原簿には、社会医療法人債の利率や償還方法などのいわゆる発行条件や社会医療法人債権者の氏名又は名称及び住所などが記載されます。

(6) 社会医療法人債の発行法人の義務

社会医療法人債を発行した場合には、その社会医療法人は適正な財務諸表の作成及び開示が求められます。具体的には、次のことを行う必要があります。

① 通常の医療法人は、「事業報告書等」として、事業報告書、財産目録、貸借対照表、損益計算書の作成が求められていますが、それに加えて純資産変動計算書、キャッシュフロー計算書及び附属明細表を作成しなければなりません。

② 財産目録、貸借対照表及び損益計算書を公認会計士又は監査法人に提出しなければなりません。

③ ②の公認会計士等の監査報告書を各事務所に備え置き、請求があった場合には、正当な理由がある場合を除いて閲覧に供しなければなりません。

④ 毎会計年度3月以内に①の事業報告書等及び②の公認会計士等の監査報告書を都道府県知事に届け出なければなりません。

26　社会医療法人の役員の責任

Q 社会医療法人の役員の背任罰則について教えて下さい。

ポイント
◆社会医療法人には役員の背任罰則規定がある。
◆社会医療法人の役員に背任が認められた場合には、7年以下の懲役若しくは500万円以下の罰金又はその両方が科される。

A 社会医療法人の役員が、自己若しくは第三者の利益を図り又は社会医療法人に損害を加える目的で、その任務に背く行為をし、その社会医療法人に財産上の損害を加えたときは、7年以下の懲役若しくは500万円以下の罰金に処し、又はこれを併科することと定められています。

　この規定は、通常の医療法人には、適用されません。つまり、社会医療法人は、非営利性が徹底された医療法人であることが要求されているため、役員の地位に基づいて私利私欲のための行為をした場合には、役員自身に罰則が与えられるということです。

27　認定の取消しと取りやめ

Q　認定の取消しと取りやめについて教えて下さい。

ポイント
◆社会医療法人には認定の取消し制度がある。ただし一定の条件を満たす場合には、取消しの猶予を受けることができる。
◆特定医療法人には取りやめ制度があるが、社会医療法人には取りやめ制度がないため申請に際しては、社会医療法人であり続けるという覚悟が必要である。

A　（1）　取消し制度

①　都道府県知事等による取消し

都道府県知事又は厚生労働大臣（以下「都道府県知事等」）は、社会医療法人が一定の事由に該当した場合には、社会医療法人としての認定の取消し又は一定期間の収益業務の全部若しくは一部の停止を命じることができます。

②　一定の事由

次のいずれかに該当した場合には、社会医療法人の認定の取消し、又は期間を定めて収益業務の全部若しくは一部の停止が都道府県知事等より命じられる場合があります。

また、認定の取消しに当たっては、都道府県知事等は医療審議会の意見を聴くこととなっています。

(イ)　社会医療法人の認定要件を欠くに至ったとき
(ロ)　定款又は寄附行為で定められた業務以外の業務を行ったとき
(ハ)　収益業務から生じた収益を社会医療法人が開設する病院、診療所又は

介護老人保健施設の経営に充てないとき
(ニ) 収益業務の継続が、社会医療法人が開設する病院、診療所又は介護老人保健施設（指定管理者として管理する病院等を含む）の業務に支障があると認めるとき
(ホ) 不正の手段により社会医療法人の認定を受けたとき
(ヘ) この法律若しくはこの法律に基づく命令又はこれらに基づく処分に違反したとき

③ 都道府県知事等による取消しの猶予

社会医療法人が救急医療等確保事業の要件を満たすことができない場合、突然認定が取り消されてしまうと、地域医療に混乱を与える事態となるため、取消しの猶予制度が定められました。

都道府県知事等は、社会医療法人が救急医療等確保事業の要件を満たすことができないおそれがないか適宜確認し、事前状況等の把握を行います。そして、社会医療法人が救急医療等確保事業の要件を満たすことができない場合でも、事業の継続の意思があり、かつ、一定の猶予を与えれば改善が可能であると認められる場合には、1年間の猶予を与えることができます。

都道府県知事等が一定の猶予を与えれば改善が可能であると認められる場合として、下記のケースが考えられます。

(イ) 救急医療等確保事業に係る医師が一時的に確保できず、同事業に係る実績が低くなったものの、別の医師の確保が可能であって、これによって、実績が回復する見込みがある場合
(ロ) 救急医療等確保事業に係る施設が破損したため、同事業に係る実績が低くなったものの、当該施設の修繕等が可能であって、これによって、実績が回復する見込みがある場合
(ハ) へき地医療に関して、災害等によってへき地診療所が一時的に閉鎖したものの、近いうちに再開し、これによって、実績が回復する見込みがある場合

（2） 取りやめ制度

　社会医療法人が自ら社会医療法人であることを取りやめる制度（いわゆる「取りやめ制度」）はありません（特定医療法人の場合には、取りやめ制度があります）。

　つまり、社会医療法人の認定を受ける場合には、社会医療法人であり続ける覚悟が必要となります。このことは、認定が取消しになった場合の税務上の取扱いからもいえます（Q51参照）。

28 社会医療法人の認定要件の概要

Q 社会医療法人の認定を受けるための要件は、どのようなものがありますか。

ポイント
◆社会医療法人の認定を受けるためには、役員等の同族支配要件、公的な運営に関する要件、残余財産の帰属先の制限の要件、救急医療等確保事業の認定要件をすべて満たす必要がある。

A （1） 役員等の同族支配要件

役員・社員・評議員について、同一親族等の占める割合がそれぞれの総数の3分の1以下でなければなりません。

（2） 公的な運営に関する要件

社会医療法人は、公益性を担保するために運営に関して公的であることが要求されます。具体的には、次に掲げる要件を満たさなければなりません。

① 運営に関する要件
　(イ) 理事の定数は6人以上、監事の定数は2人以上、評議員の定数は理事の定数を超えていること
　(ロ) 理事、監事、社員は、社員総会若しくは評議員会によって選任されること
　(ハ) 理事及び監事のうち、他の同一団体に所属する者の占める割合が総数の3分の1以下でなければならない
　(ニ) 理事、監事、評議員の報酬については、民間事業者と比較し、不

当に高額にならないよう基準を設けて支給しなければならない
　　(ホ)　医療法人の関係者等に対して、特別の利益を与えてはならない
　　(ヘ)　株式会社その他の営利事業を営む者等に対して、特別の利益を与えてはならない
　　(ト)　年間の事業費用を超えて遊休財産を保有してはならない
　　(チ)　株式など他の団体の意思決定に関与することができる財産を有してはならない。ただし、議決権の過半数を有していない場合には、この限りではない
　　(リ)　直前の３会計年度から認定日の前日までの間において法令違反がないこと
　② 事業に関する要件
　　(イ)　社会保険診療報酬等に係る収入割合が80％を超えていること
　　(ロ)　自費患者に対する請求が社会保険診療報酬と同一の基準により計算されていること
　　(ハ)　医療診療による収入の額が投薬料や医師等の給与など患者のために直接必要な経費の額の1.5倍までの金額であること

（３）　解散時の残余財産の帰属

　解散した場合の残余財産の帰属先は、国、地方公共団体又は他の社会医療法人とすることを定款等で定める必要があります。

（４）　救急医療等確保事業の認定要件

　救急医療、災害医療、小児救急医療、周産期医療、へき地医療等、都道府県が作成する医療計画に記載された救急医療等確保事業を実施し、医療について、構造設備要件、医療を行うための体制要件、実績要件を満たさなければなりません。

29 認定要件（役員等の同族支配要件）

Q 社会医療法人の認定要件のうち、役員等の同族支配要件について教えて下さい。

ポイント
◆社会医療法人は、公益的な運営体制を維持するために役員・社員・評議員について、同一親族等の占める割合がそれぞれの総数の3分の1以下でなければならない。
◆社会医療法人は、公益的な運営体制を維持するために、理事及び監事のうち、他の同一団体に所属する者の占める割合は、3分の1以下でなければならない。

A **（1） 役員等の同族支配要件**

社会医療法人は、公益的な運営体制を維持するために、役員・社員・評議員（以下「役員等」という）について、それぞれに占める同一親族等の数が役員等の総数の3分の1以下でなければなりません。

なお、ここでいう同一親族等の範囲は次の通りです。

① 各役員等の配偶者及び3親等以内の親族
② 各役員等と婚姻の届出をしていないが事実上婚姻関係と同様の事情にある者
③ 各役員等の使用人及び使用人以外の者で当該役員から受ける金銭その他の財産によって生計を維持しているもの
④ ②又は③に掲げる者の親族でこれらの者と生計を一にしているもの

また、特定医療法人の場合には、同一親族等の範囲は、「配偶者及び6親等以内の血族、3親等以内の姻族」であるため、社会医療法人とはその範囲が異なります（Q58参照）。

（参考）配偶者及び3親等以内の親族の範囲

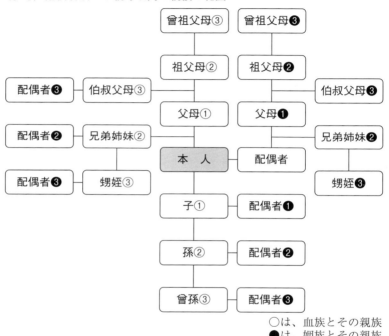

○は、血族とその親族
●は、姻族とその親族

（2）　理事及び監事の他の同一団体支配要件

　社会医療法人は、公益的な運営体制を維持するために理事及び監事のうち、①他の同一団体の理事又は使用人である者、②他の同一団体の理事以外の役員（法人でない団体で代表者又は管理人の定めのあるものにあっては、その代表者又は管理人）又は業務を執行する社員である者の占める割合は、理事及び監事の総数の3分の1以下にしなければなりません。

　ただし、次のような団体は、上記の他の同一団体から除かれています。

- 公益社団法人又は公益財団法人
- 医師会
- 医会及び学会等の医学若しくは医術又は公衆衛生に関する学術団体であって法人格を有するもの(医師以外をその構成員とするものを除く)

(3) モデル定款(寄附行為)での定め

社会医療法人のモデル定款(寄附行為)においては、役員・社員・評議員について前記(1)(2)の規定を踏まえ次のように定めています。

〈モデル定款(寄附行為)による役員についての定め〉

第16条　理事及び監事は、社員総会(評議員会)において選任する。
2　本社団(財団)の役員を選任するにあたっては、理事は6名を、監事は2名をそれぞれ下ることがなく、かつ、親族等の数は、役員の総数の3分の1を、他の同一の団体の理事等の数は、理事及び監事のそれぞれの数の3分の1を超えて含まれてはならない。なお、監事については、他の役員の親族等が含まれてはならない。

※()書きは、モデル寄附行為の場合

〈モデル定款による社員についての定め〉

第20条　本社団の社員中、親族等の数は、社員の総数の3分の1を超えて含まれてはならない。

〈モデル寄附行為による評議員についての定め〉

第18条　評議員は、次に掲げる者から理事会において推薦した者につき、理事長が委嘱する。
(1)　医師、歯科医師、薬剤師、看護師その他の医療従事者
(2)　病院、診療所又は介護老人保健施設の経営に関して識見を有する者
(3)　医療を受ける者
(4)　本財団の評議員として特に必要と認められる者
2　評議員を選任するにあたっては、評議員の数が理事の定数の同数以下となることがなく、かつ、親族等の数が、評議員の総数の3分の1を超えて含まれてはならない。

30　認定要件（役員等の定数及び選任方法）

Q 役員等の定数及び選任方法について教えて下さい。

ポイント
- ◆理事の定数は6人以上、監事の定数は2人以上、評議員の定数は理事の定数を超える数を必要とする。
- ◆社団医療法人の場合、社員総会によって理事及び監事並びに社員が選任される。
- ◆財団医療法人の場合、評議員会によって理事及び監事が選任される。
- ◆財団医療法人の場合の評議員は、理事会において推薦した者につき、理事長が委嘱する。

A　（1）　役員等の定数

　理事の定数は6人以上、監事の定数は2人以上です。
　財団医療法人の場合は、評議員を選任する必要があり、評議員の定数は、理事の定数を超えなければなりません。
　また、社団医療法人の場合は、社員を選任する必要があり、社員については、定数の定めはありませんが、議決権の観点（例えば、2人だと賛否同数の場合に議決できない）から3人以上が望ましいとされています。

（2）　役員等の選任方法

　社団医療法人である場合には、理事及び監事並びに社員は、社員総会によって選任されます。
　財団医療法人である場合には、理事及び監事は、評議員会によって選任され、評議員は、理事会において推薦した者につき、理事長が委嘱することとなっています。

31 認定要件（役員等の報酬）

Q 理事、監事及び評議員の報酬等について教えて下さい。

ポイント
◆社会医療法人の理事等の報酬については、民間事業者と比較し、不当に高額にならないよう基準を設けて支給しなければならないとされている。

A (1) 支給基準を定めること

　理事、監事及び評議員に対して支給する報酬、賞与その他職務遂行の対価として受ける財産上の利益及び退職手当は、民間事業者の役員の報酬等及び従業員の給与、当該医療法人の経理の状況その他の事情を考慮して、不当に高額なものにならないよう支給の基準を定めなければなりません。
　その支給基準においては、次のことを定めることを要求されています。

①　理事等の勤務形態に応じた報酬等の区分
②　報酬等の算定方法
③　報酬等の支給方法
④　支給形態に関する事項

　なお、その支給基準については、各事務所に備え置き、請求があった場合には、正当な理由がある場合を除いて、閲覧に供しなければなりません。

(2) 「不当に高額」の目安

　上記（1）にある「不当に高額」については明確な上限額の定めはありません。しかし、社会医療法人と同じように公益性の高い医療法人として位置付けられている特定医療法人において役職員の報酬は年間3,600万円までと定めていますので、それが1つの目安になると考えられます。

32 認定要件（特別の利益供与の禁止）

Q 特別の利益供与の禁止とはどのようなことをいうのですか。

ポイント
◆社会医療法人は、公益性を担保するため、当該医療法人の関係者等に対し特別の利益を与えてはならないとされている。

A （1） 特別の利益供与の禁止

社会医療法人は、当該医療法人の関係者等に対して特別の利益を与えてはならないとされています。

この要件は、大きく2つに分けて規定されています。

① **医療法人の関係者に対する特別の利益供与の禁止**

社会医療法人は、医療法人の関係者に対して特別の利益供与を行うことを禁止されています。

ここで、医療法人の関係者というのは、次に掲げる者をいいます。

(イ) 理事、監事又は使用人
(ロ) 社団医療法人である場合は、社員
(ハ) 財団医療法人である場合は、設立者又は評議員
(ニ) (イ)～(ハ)に掲げる者の配偶者及び3親等以内の親族
(ホ) (イ)～(ハ)に掲げる者と婚姻の届出をしていないが事実上婚姻関係と同様の事情にある者
(ヘ) (イ)～(ハ)に掲げる者から受ける金銭その他の財産によって生計を維持しているもの

> (ト) (ホ)又は(ヘ)に掲げる者の親族でこれらの者と生計を一にしているもの

② **株式会社その他営利事業を営む者等に対する特別の利益供与の禁止**

　社会医療法人は、その事業を行うにあたり、株式会社その他営利事業を営む者又は特定の個人若しくは団体の利益を図る活動を行う者に対して特別の利益供与を行うことを禁止されています。

　ここで、特定の個人又は団体の利益を図る活動を行う者とは、次に掲げる者をいいます。

> (イ) 株式会社その他の営利事業を営む者に対して寄附その他の特別の利益を与える活動を行う個人又は団体
> (ロ) 特定の者から継続的に若しくは反復して資産の譲渡、貸付け若しくは役務の提供を受ける者又は特定の者の行う会員等相互の支援、交流、連絡その他その対象が会員等である活動に参加する者に共通する利益を図る活動を行うことを主たる目的とする団体

　なお、他の公益法人等に対して、当該公益法人等が行う公益目的の事業のために寄附その他の特別の利益を与える行為を行う場合には、当該寄附等については、特別の利益供与とはしないこととなっています。

　これは、その寄附等により公益法人等に帰属した財産などが最終的に公益のために用いられることを考慮して設けられた例外規定です。

(2) 特別の利益供与とは

　特別の利益供与については、医療法上具体的な定めはありませんが、例えば、税務上を例に挙げれば、次に掲げる取引は、特別の利益供与と考えられます。

【特別の利益供与の具体例】

　その法人の設立者、役員等若しくは社員又はこれらの者の親族その他特殊の関係がある者等（以下「特定の者」という）に対して、次に掲げるいずれかの行為をし、又は行為をすると認められる場合

① 　当該法人の所有する財産を特定の者に居住、担保その他の私事に利用させること
② 　当該法人の余裕金を特定の者の行う事業に運用していること
③ 　当該法人の他の従業員に比し有利な条件で、特定の者に金銭の貸付けをすること
④ 　当該法人の所有する財産を特定の者に無償又は著しく低い価額の対価で譲渡すること
⑤ 　特定の者から金銭その他の財産を過大な利息又は賃借料で借り受けること
⑥ 　特定の者からその所有する財産を過大な対価で譲り受けること又は特定の者から当該法人の事業目的の用に供するとは認められない財産を取得すること
⑦ 　特定の者に対して、当該法人の役員等の地位にあることのみに基づき給与等を支払い、又は当該法人の他の従業員に比し過大な給与等を支払うこと
⑧ 　特定の者の債務に関して、保証、弁済、免除又は引受け（当該法人の設立のための財産の提供に伴う債務の引受けを除く）をすること
⑨ 　契約金額が少額なものを除き、入札等公正な方法によらないで、特定の者が行う物品の販売、工事請負、役務提供、物品の賃貸その他の事業に係る契約の相手方となること
⑩ 　事業の遂行により供与する利益を主として、又は不公正な方法で、特定の者に与えること

第5章　医療法人から社会医療法人への移行

　なお、特別の利益の範囲は広く捉えられることも考えられます。
　すなわち、金銭のやり取りのある取引だけではなく、例えば、採用について便宜を図ることや診療に関する便宜を図ること、施設の利用に便宜を図ることなども特別の利益に該当する可能性があります。

33 認定要件(遊休財産の保有制限)

Q 遊休財産の保有制限について教えて下さい。

ポイント
◆遊休財産とは、業務の用に供していない財産をいい、一定の算式で計算される。
◆社会医療法人は、遊休財産について保有制限が設けられており、年間の事業費用を超えて遊休財産を保有してはならない。

A (1) 遊休財産の保有制限

社会医療法人は、業務のために現に使用されておらず、かつ、引き続き使用されることが見込まれない財産の価額として、一定の算式により求めた財産は、直近に終了した会計年度の損益計算書に計上する事業に係る費用の額を超えて保有してはならないことと定められています。このような制限を受ける財産を遊休財産といいます。

これは、社会医療法人たるもの、必要以上の内部留保はせずに、積極的に救急医療等確保事業に使うべきであるという考え方から設定された要件です。

(2) 遊休財産とは

遊休財産とは、業務のために現に使用されておらず今後も使用することが見込まれない財産をいい、次の算式により計算されます。

第5章 医療法人から社会医療法人への移行

$$\left(\begin{array}{l}\text{直近の貸借対照表の}\\\text{資産の総額}\end{array} - \text{業務供用資産}^{※1}\right) \times \frac{\text{純資産の部の合計額}^{※2}}{\text{資産の部の合計額}^{※2}}$$

※1 業務供用資産とは、次のイからへまでに掲げる資産のうち、保有する資産の明細表に記載されたものの帳簿価額の合計額をいいます。
イ 病院、診療所、又は介護老人保健施設の業務の用に供する財産
ロ 附帯業務に供する財産
ハ 収益業務に供する財産
ニ 現在使用されていないが、今後イからハまでの業務に使用する見込みである財産
ホ イからハまでの業務に使用する減価償却資産を取得又は改良するための資金
ヘ 将来の特定の事業の実施のために特別に支出する費用のために保有する資金

※2 純資産の部の合計額及び資産の部の合計額につき、評価・換算差額等が計上されている場合は、評価・換算差額等の額を純資産の部及び資産の部からそれぞれ控除します。

【遊休財産保有制限額のイメージ例】

遊休財産額＝
$$[200(\text{資産の部}) - 175(\text{業務供用資産})] \times \frac{40(\text{純資産の部})}{200(\text{資産の部})} = 5$$

遊休財産額は、損益計算書の事業費用の額以下であること。

34 認定要件（株式等の保有制限）

Q 株式等の保有制限について教えて下さい。

ポイント
◆社会医療法人は、株式など他の団体の意思決定に関与することができる財産を有してはならない。ただし、その法人の意思決定に関する機関における議決権の過半数を有していない場合にはこの限りでない。

A （1） 株式等の保有制限

社会医療法人は、株式や合名会社等の社員権、信託契約に基づく委託者又は受益者としての権利など、他の団体の意思決定に関与することができる財産を保有してはなりません。

ただし、株主総会その他の団体の財務及び営業又は事業の方針を決定する機関における議決権の過半数を有していない場合はこの限りではありません。

つまり、議決権の過半数を下回るのであれば、株式等の保有は可能です。

（2） 議決権の過半数を有している場合

社会医療法人の場合、株式会社の議決権の過半数の株式を有しているということは稀であると思われますが、もし、株式会社の議決権の過半数の株式を有している場合には、例えば、当該株式を無議決権株式に変更することや議決権を含めて受託者に信託する方法などの対応策が考えられます。

35　認定要件（法令違反）

Q 法令違反がないことの要件について教えて下さい。

ポイント
◆社会医療法人の認定を受けるためには、直前の3会計年度から認定日の前日までの間において法令違反がないことが必要である。

A （1）　法令違反に関する要件

　社会医療法人の認定を受けるためには、直前の3会計年度から社会医療法人の認定日の前日までに、法令に違反する事実、その帳簿書類の全部若しくは一部を隠蔽し又は仮装して記録若しくは記載をしている事実、その他公益に反する事実がないことが必要です。

（2）　法令に違反する事実

　法令に違反する事実とは、例えば、医療に関する法令の場合には次に掲げるいずれかの事実がある場合をいいます。

① 　医療に関する法律に基づき、医療法人又は理事長が罰金刑以上の刑事処分を受けた場合
② 　医療監視の結果、重大な不適合事項があり、都道府県知事から改善勧告が行われたが是正されない場合
③ 　都道府県知事の勧告に反する病院の開設、増床又は病床種別の変更が行われた場合
④ 　医療法人の業務若しくは会計が法令、法令に基づく都道府県知事の処分、定款等に違反し、又はその運営が著しく適正を欠くと認められ

る場合で、都道府県から必要な措置をとるべき旨の命令若しくは、業務の全部若しくは一部の停止命令又は役員の解任の勧告が発せられた場合
⑤　その他①から④までに相当する医療関係法令についての重大な違反事実があった場合

36 認定要件（事業に関する要件）

Q 社会医療法人の事業要件について教えて下さい。

ポイント

◆社会医療法人の認定を受けるためには、社会医療法人の行う事業について、次に掲げる要件を充足しなければならない。
① 社会保険診療等に係る収入割合が80％を超えていること
② 自費患者に対する請求が社会保険診療報酬と同一の基準により計算されていること
③ 医療診療による収入の額が投薬料や医師等の給与など患者のために直接必要な経費の額の1.5倍までの金額であること

A (1) 事業に関する要件

社会医療法人の認定を受けるためには、社会医療法人の行う事業について次に掲げるすべての要件を満たしている必要があります。

---

① 社会保険診療等に係る収入割合が80％を超えていること
② 自費患者に対する請求が社会保険診療報酬と同一の基準により計算されていること
③ 医療診療による収入の額が投薬料や医師等の給与など患者のために直接必要な経費の額の1.5倍までの金額であること

---

(2) 社会保険診療等に係る収入割合が80％を超えていること

収入金額のうち、社会保険診療等に係る収入金額の割合が80％を超えてい

なければなりません。ここでいう「社会保険診療等」とは、次のようなものをいいます。

> ① 社会保険診療に係る収入金額（健康保険法の規定に基づく療養の給付など租税特別措置法第26条第2項に規定する社会保険診療）
> ② 健康増進事業実施者が行う健康増進事業に係る収入金額（一定の健康診査等に係るものに限る）
> ③ 助産に係る収入金額（1分娩に係る助産に係る収入金額が50万円を超えるときは、50万円を限度とする）

なお①の社会保険診療に係る収入金額には、介護老人保健施設など一定の介護保険に係る収入が含まれます。

（3） 自費患者に対する請求が社会保険診療報酬と同一の基準により計算されていること

自費患者（すなわち、保険外の患者）に対する請求は、社会保険診療報酬と同一の基準により計算しなければなりません。
なお、具体的には、次に掲げる基準を満たす必要があります。

> ① 公害健康被害者に係る診療報酬及び予防接種により健康被害者に係る診療報酬が法令等に基づいて規定されていること
> ② 分娩料等健康保険法の規定に類似のものが定められていないものにあっては、地域における標準的な料金として診療報酬規程に定められた額を超えないこと
> ③ 診療報酬の算定方法に関する厚生労働省告示の別表に掲げる療養についての告示及び健康保険法の施行に関する諸通達の定めるところにより算定した額以下であることが定められていること
> ④ 報酬の徴収がその定めに従ってされているものであること

（4）医療診療による収入の額が投薬料や医師等の給与など患者のために直接必要な経費の額の1.5倍までの金額であること

医療診療による収入の額が投薬料や医師等の給与など患者のために直接必要な経費の額の1.5倍までの金額であることとは、算式で表すと次のようになります。

> 医療診療による収入の額$^{※1}$ ≦ 直接必要な金額$^{※2}$ × 1.5

※1　医療診療による収入の額とは、事業報告書等における損益計算書の「本来業務事業損益に係る事業収益の額」をいいます。

※2　直接必要な金額とは、事業報告書等における損益計算書の「本来業務事業損益に係る事業費用」の額をいいます。

37 認定要件（残余財産の帰属先）

Q 社会医療法人が解散した場合の残余財産の帰属先について教えて下さい。

ポイント
◆社会医療法人が解散した場合、その残余財産の帰属先は、国、地方公共団体又は他の社会医療法人とすることを定款等に定める必要がある。
◆持分の定めのある社団医療法人の場合は、この要件を充足するために出資持分を放棄しなければならない。

A （1）　残余財産の帰属先について

　社会医療法人は、定款又は寄附行為において解散時の残余財産の帰属先を、国、地方公共団体又は他の社会医療法人とすることを定める必要があります。
　このことは、持分の定めのある社団医療法人が社会医療法人に移行しようとする場合には、出資持分を放棄しなければならないということを意味しています。出資持分の放棄については、定款にある残余財産の帰属先の定めを変更することによって放棄することになりますが、その定款変更を決議する社員総会においては、「定款の変更認可がされた日をもって持分請求権の放棄の効力が生ずるものとする」という形で決議を行うこととされています。

（2）　出資持分の放棄に伴う税務

　出資持分の放棄をした場合、その放棄によりその放棄した者の親族等の相続税等の負担が不当に減少することになると認められるときは、原則として、医療法人を個人とみなして贈与税が課税されます。
　しかし、医療法人が社会医療法人の要件を満たしている場合には、課税は

行われません。

（出資持分の放棄に関する税の取扱いは、Q49参照）。

【参考　モデル定款】

> **第36条**　本社団が解散した場合の残余財産は、合併及び破産手続開始の決定による解散の場合を除き、国若しくは地方公共団体又は他の社会医療法人に帰属させるものとする。

38 認定要件（救急医療等確保事業）

Q 救急医療等確保事業の認定要件とはどのようなものですか。

ポイント

◆救急医療等確保事業とは、救急医療、災害医療、小児救急医療、周産期医療、へき地医療、そのほか都道府県知事が必要と認める医療をいう。

◆救急医療等確保事業は、それぞれの医療について、①構造設備要件、②医療を行うための体制要件、③実績要件が設けられている。

A 社会医療法人は、地域の中核的な医療を担うということから救急医療、災害医療、小児救急医療、周産期医療、へき地医療、そのほか都道府県知事が必要と認める医療を行うことが求められています。また、それぞれの医療について、①構造設備要件、②医療を行うための体制要件、③実績要件が設けられています。

したがって、現在、各要件を充足しない医療法人が社会医療法人を目指す場合には、資金面、人材面、設備を考慮しシミュレーションを行いその永続性を担保できるという判断ができたところで具体的な準備を進める必要があります。

39　2以上の病院又は診療所を開設している場合

Q　2以上の病院又は診療所を開設している場合、救急医療等確保事業要件は開設しているすべての医療機関で満たさなければならないのですか。

ポイント
- ◆1都道府県において、2以上の病院又は診療所を開設している場合には、その中の1つの病院又は診療所が救急医療等確保事業要件を満たしていればよい。
- ◆2以上の都道府県において、病院又は診療所を開設している場合には、それぞれの都道府県において1つ以上の病院又は診療所が救急医療等確保事業要件を満たしている必要がある。
- ◆社会医療法人が病院又は診療所を開設していない都道府県に病院又は診療所を開設する場合には、救急医療等確保事業要件を満たさなくなるため認定の取消しになる。

A　（1）　2以上の病院又は診療所を開設している場合

　2以上の病院又は診療所を開設している場合、その開設場所がすべて1都道府県内にある場合には、どれか1つの病院又は診療所が救急医療等確保事業要件を満たしていればよいとされています。

　一方、2以上の都道府県において病院又は診療所を開設している場合には、開設しているそれぞれの都道府県において救急医療等確保事業要件を満たす病院又は診療所が必要となります。つまり、2以上の都道府県において病院又は診療所を開設しているいわゆる厚生労働省管轄の広域医療法人の認定要件は、ハードルが高いといえます。

(2) 新たに病院又は診療所を開設する場合

社会医療法人の認定を受けている医療法人が病院又は診療所を開設していない都道府県に新たに病院又は診療所を開設しようとする場合には、当該新たに開設される病院又は診療所は、救急医療等確保事業の実績がありませんから、救急医療等確保事業に関する要件を満たさないこととなるため社会医療法人の認定は取消しとなります。

(3) 合併する場合

社会医療法人が社会医療法人でない医療法人と合併する場合で、その医療法人が他の都道府県に開設している医療施設が、救急医療等確保事業の要件を満たしていないときは、その合併により社会医療法人の認定は、取消しとなります。

・認定取消し

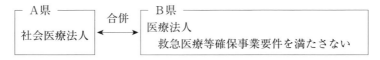

・認定が取消しにならない

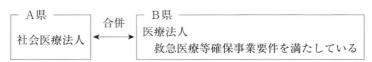

(4) 要件緩和の検討

2以上の都道府県において、病院又は診療所を開設している場合、それぞれの都道府県で救急医療等確保事業の要件を満たすことは、ハードルが高いため、現在、医療法改正の中で見直しがすすめられています。

40　救急医療等確保事業（救急医療）

Q 救急医療の実施要件について教えて下さい。

ポイント
◆医療施設が都道府県の医療計画に救急医療の医療連携体制に係る医療提供施設として記載されていることなど。
◆直近3会計年度の時間外等加算割合が20％以上、又は、夜間等救急自動車等搬送件数の直近3会計年度の平均が750件以上であることなど。

A 救急医療の実施要件は、次の（1）〜（3）の要件を満たす必要があります。

（1）　当該業務を行う病院又は診療所の構造設備要件

当該病院が救急医療施設として必要な診療部門（診察室、処置室、臨床検査施設、エックス線診療室、調剤所等）及び専用病床（専ら救急患者のために使用される病床をいう）又は優先的に使用される病床（専用病床を有していないが、救急患者のために一定数確保されている病床をいう）を有していること。

（2）　当該業務を行うための体制要件

次の基準のすべてに該当すること。
①　当該病院の名称がその所在地の都道府県が定める医療計画において救急医療の確保に関する事業に係る医療連携体制に係る医療提供施設として記載されていること
②　当該病院において救急患者に対し医療を提供する体制（いわゆるオンコール体制も含む）を常に確保していること

(3) 当該業務の実績要件

①又は②の基準に該当すること。
① 当該病院において時間外等加算割合が20％以上であること
② 当該病院において夜間等救急自動車等搬送件数が750件以上であること

※「時間外等加算割合」とは、直近に終了した3会計年度（医療法上の会計年度をいう。以下同じ）における次に掲げる算定件数の合計の初診料算定件数に占める割合をいう。
　イ　診療時間以外の時間（休日及び深夜を除く）において初診を行った場合の時間外加算の算定件数
　ロ　休日（深夜を除く）において初診を行った場合の休日加算の算定件数
　ハ　深夜において初診を行った場合の深夜加算の算定件数
　ニ　時間外加算の特例の適用を受ける保険医療機関が初診を行った場合の当該時間外加算の特例の算定件数

〔実績基準の算定方法（救急医療①）〕

都道府県　レセプト等のチェック　$\dfrac{\text{初診料加算の算定件数}^{※}}{\text{初診料の算定件数}^{※}} \geq 20\%$

※直近の3会計年度の算定件数の合計

第5章　医療法人から社会医療法人への移行

※「夜間等救急自動車等搬送件数」とは、直近に終了した3会計年度における夜間及び休日における救急自動車等による搬送を受け入れた件数を3で除した件数をいう。

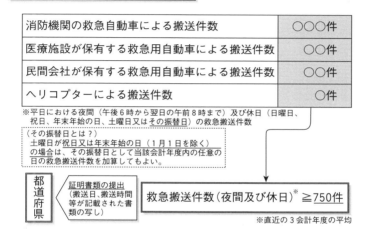

41 救急医療等確保事業（精神科救急医療）

Q 精神科救急医療の実施要件について教えて下さい。

ポイント
◆医療施設が都道府県の医療計画に精神科救急医療の医療連携体制に係る医療提供施設として記載されていることなど。
◆直近3会計年度の精神疾患に係る時間外等診療件数の合計が、精神科救急医療圏内の人口1万人に対し7.5件以上であることなど。

A 精神科救急医療の実施要件は、次の（1）～（3）の要件を満たす必要があります。

（1） 当該業務を行う病院又は診療所の構造設備要件

当該病院が精神科救急医療施設として必要な診療部門（診察室、処置室、保護室、面会室等）を有していること。

（2） 当該業務を行うための体制要件

次の基準のすべてに該当すること。
① 当該病院の名称がその所在地の都道府県が定める医療計画において精神科救急医療の確保に関する事業に係る医療連携体制に係る医療提供施設として記載されていること
② 当該病院が精神保健及び精神障害者福祉に関する法律施行規則（昭和25年厚生省令第31号）第5条の2第1号から第3号までに掲げる基準を満たすこと

第5章 医療法人から社会医療法人への移行

【精神保健及び精神障害者福祉に関する法律施行規則】

第5条の2 法第21条第4項の厚生労働省令で定める精神科病院の基準は、次のとおりとする。
① 法第33条の7第1項の規定による都道府県知事の指定を受けていること又は受ける見込みが十分であること
② 地方公共団体の救急医療（精神障害の医療に係るものに限る。）の確保に関する施策に協力して、休日診療及び夜間診療を行っていること
③ 2名以上の常時勤務する指定医を置いていること

※①の指定は、応急入院指定病院の指定を示しています。

（3） 当該業務の実績要件

当該病院において直近に終了した3会計年度における精神疾患に係る時間外等診療件数が、当該病院の所在地が属する精神科救急医療圏内の人口1万人に対し7.5件以上であること。

※「時間外等診療件数」とは、次に掲げる算定件数の合計をいう。
① 診療時間以外の時間（休日及び深夜を除く）において初診又は再診を行った場合の時間外加算の算定件数
② 休日（深夜を除く）において初診又は再診を行った場合の休日加算の算定件数
③ 深夜において初診又は再診を行った場合の深夜加算の算定件数
④ 時間外加算の特例の適用を受ける保険医療機関が初診又は再診を行った場合の当該時間外加算の特例の算定件数

※精神科救急医療圏内の人口は、直近に公表された国勢調査又は人口推計年報（総務省統計局）による都道府県又は市区町村別の人口総数の合計数をいう。

〔実績基準の算定方法（救急医療（精神科救急医療の場合））〕

都道府県
- レセプト等のチェック → 電話等による時間外、休日又は深夜の再診加算の算定件数を控除

$$\frac{時間外等の加算の算定件数^※}{精神科救急医療圏の人口} \times 1万人 \geq 7.5件$$

※直近の3会計年度の算定件数の合計

- 指定書の写し（応急入院指定病院） → 国勢調査又は人口推計年報（総務省統計局）による精神科救急医療圏の人口

42　救急医療等確保事業（小児救急医療）

Q 小児救急医療の実施要件について教えて下さい。

ポイント
◆医療施設が都道府県の医療計画に小児救急医療の医療連携体制に係る医療提供施設として記載されていることなど。
◆直近の3会計年度において6歳未満の乳幼児の時間外等加算割合が20％以上であることなど。

A　小児救急医療の実施要件は、次の（1）〜（3）の要件を満たす必要があります。

（1）　当該業務を行う病院又は診療所の構造設備要件

当該病院が小児救急医療施設として必要な診療部門（診察室、処置室、臨床検査施設、エックス線診療室、調剤所等）及び専用病床（専ら小児救急患者のために使用される病床をいう）又は優先的に使用される病床（専用病床を有していないが、小児救急患者のために一定数確保されている病床をいう）を有していること。

（2）　当該業務を行うための体制要件

次の基準のすべてに該当すること。
① 当該病院の名称がその所在地の都道府県が定める医療計画において小児救急医療の確保に関する事業に係る医療連携体制に係る医療提供施設として記載されていること
② 当該病院において小児救急患者に対し医療を提供する体制（いわゆるオンコール体制も含む）を常に確保していること

(3) 当該業務の実績要件

当該病院において６歳未満の乳幼児の時間外等加算割合が20％以上であること。

※「６歳未満の乳幼児の時間外等加算割合」とは、直近に終了した３会計年度における次に掲げる算定件数の合計の６歳未満の乳幼児の初診料算定件数に占める割合をいう。
① 診療時間以外の時間（休日及び深夜を除く）において６歳未満の乳幼児の初診を行った場合の時間外加算の算定件数
② 休日（深夜を除く）において６歳未満の乳幼児の初診を行った場合の休日加算の算定件数
③ 深夜において６歳未満の乳幼児の初診を行った場合の深夜加算の算定件数
④ 時間外加算の特例の適用を受ける保険医療機関が６歳未満の乳幼児の初診を行った場合の当該時間外加算の特例の算定件数

〔実績基準の算定方法（小児救急医療）〕

都道府県 → レセプト等のチェック → $\dfrac{6歳未満の初診料加算の算定件数^{※}}{6歳未満の初診料の算定件数^{※}} \geqq 20\%$

※直近の3会計年度の算定件数の合計

43　救急医療等確保事業（災害医療）

Q　災害医療の実施要件について教えて下さい。

ポイント
◆医療施設が都道府県の医療計画に災害医療の医療連携体制に係る医療提供施設として記載されていることなど。
◆厚生労働省に登録された災害派遣医療チーム（DMAT）を有していることなど。

A　災害医療の実施要件は、次の（1）～（3）の要件を満たす必要があります。

（1）　当該業務を行う病院又は診療所の構造設備要件

次の基準のすべてに該当すること。
①　当該病院が災害医療施設として必要な次に掲げる施設（診療に必要な施設は耐震構造を有すること）をすべて有していること
　イ　集中治療室
　ロ　診療部門（診察室、手術室、処置室、臨床検査施設、エックス線診療室、調剤所等）及び病室
　ハ　備蓄倉庫
②　当該病院が災害医療施設として必要な次に掲げる設備をすべて有していること
　イ　簡易ベッド
　ロ　携帯用医療機器
　ハ　食料、飲料水及び医薬品等の物資
　ニ　自家発電装置

第5章　医療法人から社会医療法人への移行

　　ホ　トリアージタッグ
　　ヘ　救急用自動車
　　ト　広域災害・救急医療情報システムの端末
③　当該病院の敷地内又は近接地にヘリコプターの離発着場を確保していること

（2）　当該業務を行うための体制要件

次の基準のすべてに該当すること。
①　当該病院の名称がその所在地の都道府県が定める医療計画において災害医療の確保に関する事業に係る医療連携体制に係る医療提供施設として記載されていること
②　当該病院において救急患者に対し医療を提供する体制（いわゆるオンコール体制も含む）を常に確保していること
③　厚生労働省に登録された災害派遣医療チーム（DMAT）を有していること

（3）　当該業務の実績要件

次の基準のすべてに該当すること。
①　当該病院において時間外等加算割合が16％以上、又は夜間等救急自動車等搬送件数が600件以上であること
　　（時間外等加算割合、夜間等救急自動車等搬送件数の定義はQ40参照）
②　当該病院に勤務する職員が直近に終了した会計年度において、次に掲げる訓練又は研修に参加していること
　　イ　都道府県又は国が実施する防災訓練
　　ロ　国が実施する災害派遣医療チーム（DMAT）研修
③　過去において、災害時における都道府県又は国からの災害派遣医療チーム（DMAT）の派遣要請を拒否しなかったこと。ただし、やむを得ない理由があると認められるときは、この限りでない。

〔実績基準の算定方法（災害医療）〕

都道府県 → レセプト等のチェック → $\dfrac{初診料加算の算定件数^※}{初診料の算定件数^※} \geqq 16\%$

※直近の3会計年度の算定件数の合計

OR

消防機関の救急自動車による搬送件数	○○○件
医療施設が保有する救急用自動車による搬送件数	○○件
民間会社が保有する救急用自動車による搬送件数	○○件
ヘリコプターによる搬送件数	○件

都道府県 ← 証明書類の提出（搬送日、搬送時間等が記載された書類の写し）

救急搬送件数（夜間及び休日）$^※$ ≧600件

※直近の3会計年度の平均

かつ

・都道府県又は国が実施する防災訓練等に毎年参加（証明書類を提出）
・災害派遣医療チーム（DMAT）を所有
（過去において、災害時における都道府県又は国からのDMATの派遣要請を拒否していない）

44 救急医療等確保事業（へき地医療）

Q へき地医療の実施要件について教えて下さい。

ポイント
◆医療施設が都道府県の医療計画にへき地医療の医療連携体制に係る医療提供施設として記載されていることなど。
◆直近の会計年度におけるへき地に所在する診療所に対する医師の延べ派遣日数が53人日以上であること又は直近の会計年度におけるへき地における巡回診療の延べ診療日数が53人日以上であることなど。

A へき地医療の実施要件は、次の（1）〜（3）の要件を満たす必要があります。

（1） 当該業務を行う病院又は診療所の構造設備要件

①又は②の基準に該当すること。
① 当該病院がへき地医療施設として必要な診療部門（診察室、処置室、臨床検査施設、エックス線診療室、調剤所等）及び病室を有していること。また、必要に応じ、医師住宅又は看護師住宅を有していること
② 当該診療所がへき地診療所（へき地保健医療対策実施要綱に基づくへき地診療所をいう）として必要な診療部門（診察室、処置室等）を有していること。また、必要に応じ、医師住宅又は看護師住宅を有していること

（2） 当該業務を行うための体制要件

当該病院又は診療所の名称がその所在地の都道府県が定める医療計画においてへき地医療の確保に関する事業に係る医療連携体制に係る医療提供施設

として記載されていること。なお、へき地診療所を開設する医療法人が当該へき地診療所の所在地の都道府県において病院を開設する場合にあっては、当該すべての病院において、へき地の患者を受け入れるための病室その他へき地医療施設として必要な診療部門（診察室、処置室、臨床検査施設、エックス線診療室、調剤所等）を有し、かつ、へき地の患者を受け入れる体制を常に確保していること。

（3） 当該業務の実績要件

① へき地医療施設が病院の場合
  イ又はロの基準に該当すること。
  イ 当該病院において直近に終了した会計年度におけるへき地に所在する診療所（当該病院が所在する都道府県内のへき地に所在する診療所に限る）に対する医師の延べ派遣日数（派遣日数を医師数で乗じた日数をいう）が53人日以上であること
  ロ 当該病院において直近に終了した会計年度におけるへき地（当該病院が所在する都道府県内のへき地に限る）における巡回診療の延べ診療日数（診療日数を医師数で乗じた日数をいう）が53人日以上であること
② へき地診療所の場合
  当該へき地診療所において直近に終了した会計年度における診療日が209日以上であること。
③ 要件の見直し
  へき地医療の充実のため、要件の見直しが検討されています。

第5章 医療法人から社会医療法人への移行

〔実績基準の算定方法（へき地医療）〕

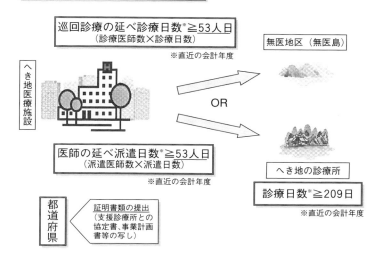

45　救急医療等確保事業（周産期医療）

Q 周産期医療の実施要件について教えて下さい。

ポイント
◆医療施設が都道府県の医療計画に周産期医療の医療連携体制に係る医療提供施設として記載されていることなど。
◆直近の3会計年度における分娩実施件数の平均件数が500件以上であることなど。

A 周産期医療の実施要件は、次の（1）～（3）の要件を満たす必要があります。

（1）　当該業務を行う病院又は診療所の構造設備要件

次の基準のすべてに該当すること。
① 当該病院が周産期医療施設として必要な次に掲げる施設をすべて有していること
　イ　母体胎児集中治療管理室
　ロ　新生児集中治療管理室
　ハ　診療部門（診察室、処置室、臨床検査施設、エックス線診療室、調剤所等）及び専用病床（専ら周産期患者のために使用される病床をいう）
② 当該病院が周産期医療施設として必要な次に掲げる設備をすべて有していること
　イ　分娩監視装置
　ロ　新生児用呼吸循環監視装置
　ハ　超音波診断装置

第 5 章　医療法人から社会医療法人への移行

　　ニ　新生児用人工換気装置
　　ホ　微量輸液装置
　　ヘ　保育器

（2）　当該業務を行うための体制要件

次の基準のすべてに該当すること。
① 　当該病院の名称がその所在地の都道府県が定める医療計画において周産期医療の確保に関する事業に係る医療連携体制に係る医療提供施設として記載されていること
② 　当該病院において産科に係る救急患者に対し医療を提供する体制及び緊急帝王切開術を実施できる体制（いわゆるオンコール体制も含む）を常に確保していること

（3）　当該業務の実績要件

次の基準のすべてに該当すること。
① 　当該病院において直近に終了した3会計年度における分娩実施件数を3で除した件数が500件以上であること
② 　当該病院において直近に終了した3会計年度における母体搬送件数を3で除した件数が10件以上であること
　　なお、「母体搬送」とは、救急自動車及びこれに準ずる車両並びに救急医療用ヘリコプター及びこれに準ずるヘリコプターによる妊婦、産婦又はじょく婦の搬送をいう。
③ 　当該病院において直近に終了した3会計年度におけるハイリスク分娩管理加算の算定件数が3件以上であること

〔実績基準の算定方法(周産期医療)〕

分娩実施件数	内　ハイリスク分娩管理加算件数
○○○件	○件

分娩実施件数※≧500件
※直近の3会計年度の平均

ハイリスク分娩管理加算※≧3件
※直近の3会計年度の件数の合計

消防機関の救急自動車による搬送件数	○○○件
医療施設が保有する救急用自動車による搬送件数	○○件
民間会社が保有する救急用自動車による搬送件数	○○件
ヘリコプターによる搬送件数	○件

都道府県

レセプト等のチェック

証明書類の提出
(搬送日、搬送時間等が記載された書類の写し)

母体搬送件数※≧10件以上
※直近の3会計年度の平均

46　社会医療法人の認定申請手続

Q 社会医療法人の認定申請手続について教えて下さい。

ポイント
◆社会医療法人の認定を受けるためには、（1）社員総会等による内部合意の形成、（2）社会医療法人の認定申請、定款変更認可申請、（3）実地検査、（4）医療審議会、（5）認定通知書の交付、（6）名称変更の登記という一連の手続が必要とされる。

A 社会医療法人の認定を受けるためには、次に掲げる手続が必要とされます。

（1）　社員総会等による内部合意の形成

　持分の定めのある社団医療法人が社会医療法人に移行する場合、社員総会等で移行に関する合意形成を図る必要があります。また、円滑に移行をするためには、事前に、出資者から持分放棄の同意を得ておくことが望ましいです。

（2）　社会医療法人の認定申請、定款変更認可申請

　都道府県へ、社会医療法人の認定申請、定款変更認可申請をします。

（3）　実地検査

　都道府県は、社会医療法人の事業及び運営並びに救急医療等確保事業の実施状況について申請書類を審査し、実地検査を行います。

（4） 医療審議会

医療審議会は都道府県知事の諮問に応じ、社会医療法人の申請について調査審議します。

（5） 認定通知書の交付

都道府県知事より、認定通知書が交付されます。

（6） 名称変更の登記

認定を受けた日より2週間以内に、「社会医療法人〇〇会」へ名称変更の登記を行います。

【社会医療法人の認定申請手続】

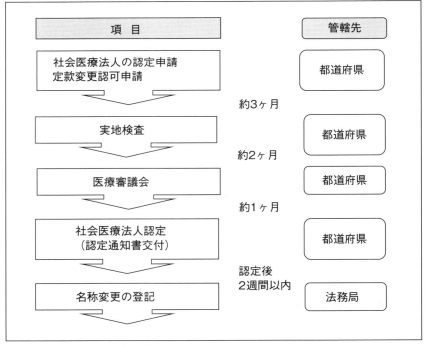

※スケジュールは、目安です。

47 社会医療法人の税務（優遇税制）

Q 社会医療法人の認定を受けた場合の優遇税制について教えて下さい。

ポイント
◆医療保健業から生ずる所得は法人税が非課税となり、附帯業務及び収益業務から生じた所得は軽減税率が適用される。
◆救急医療等確保事業を行うための医療施設等については、固定資産税及び不動産取得税が非課税となる。

A （1） 法人税の非課税措置

通常、医療法人は、法人税法上の普通法人に区分されるため、課税は一般事業会社と同じです。

しかし、社会医療法人は、資本又は出資を有しない公益法人等に該当し、その公益性から病院や診療所といった医療保健業から生ずる所得が、非課税となります。また、訪問介護などの附帯業務及び収益業務に係る所得ついては、一律19%(注1)の軽減税率が適用されます。

医療法人の類型	法人税率(注2)	
医療法人（社団・財団）	所得金額800万円以下　19%(注1) 所得金額800万円超　25.5%(注2) （出資金が1億円超の場合は、一律25.5%）(注2)	
特定医療法人	一律19%(注1)	
社会医療法人	医療保健業（附帯業務を除く）	非課税
	附帯業務及び収益事業	一律19%(注1)

（注1） 平成24年4月1日から平成27年3月31日までに開始する事業年度については、年800万円以下の所得について税率15%が適用されます（平成27年度税制改正により2年延長予定）。
（注2） 平成27年度税制改正により、平成27年4月1日以後に開始する事業年度については、税率23.9%に引き下げ予定となっています。

(注3)　平成24年4月1日から平成26年3月31日までに開始する事業年度は、別途法人税額の10％が復興増税として課税されます。

（2）　固定資産税等の非課税措置

社会医療法人が所有する次の不動産については、固定資産税及び不動産取得税が非課税となります。

① 社会医療法人が直接救急医療等確保事業に係る業務の用に供する固定資産（飲食店、喫茶店、物品販売施設、駐車施設を除く）
② 看護師、准看護師、歯科衛生士その他政令で定める医療関係者の養成所において直接教育に供する固定資産

なお、①のうち固定資産税及び不動産取得税が非課税となる対象は、救急医療等確保事業を行っている医療施設に係るものですので、救急医療等確保事業を行っていない医療施設などは非課税となりません。

また、国定資産税・不動産取得税の非課税の適用を受けるためには、それぞれ、非課税の申告書を提出することが必要となります。

48 社会医療法人の税務（みなし寄附金制度）

Q 社会医療法人のみなし寄附金制度とはどのような制度ですか。

ポイント

◆収益業務の資産を医療保健業のために支出した場合には、みなし寄附金として、一定額まで損金に算入できる。

A 社会医療法人は、収益を救急医療等確保事業に充てることを前提として医療以外に収益業務を営むことが許されています。収益業務を営む場合には、医療保健業と区分して経理し、その区分した経理をもとに収益業務について法人税が課税されます。

また、その区分経理された収益業務の資産を医療保健業のために支出した場合、その支出した金額は寄附金とみなされます。これをみなし寄附金といいます。

みなし寄附金となった場合には、その支出した金額のうち次の算式で計算した金額までは損金算入できます。

【寄附金の損金算入限度額】

(1) 所得金額×50％相当額

(2) 年200万円　　　　　　(1)(2)のいずれか大きい金額

なお、みなし寄附金を受け入れた側の医療保健業は、法人税が非課税のため課税は生じません。

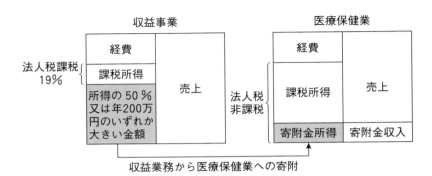

第5章　医療法人から社会医療法人への移行

49　社会医療法人の税務（移行に伴う税務①）

Q 社会医療法人へ移行した場合、医療法人や出資を放棄した者に対して課税は生じますか。

ポイント
◆社会医療法人へ移行した場合、医療法人に対する課税はない。
◆出資者が社会医療法人への移行に伴って出資持分を放棄した場合、課税は生じない。

A （1）　医療法人に対する移行時の課税

　通常、種類の異なる法人へ組織変更する場合、「解散・設立」があったものとみなされ、清算時の所得に基づき、法人に対し課税がされます。
　しかし、社会医療法人の認定を受けた場合は、税法上「解散及び設立があったものとみなすが、時価評価は行わない」と定めています。
　つまり、清算価値への換算を行わないということであり、医療法人に対して課税が行われないことを意味しています。
　しかしながら、あくまでも解散及び設立があったものとみなされるため移行時には繰越欠損金の引継ぎができないことなどの定めがあります。詳しくは、Q50を参照して下さい。

（2）　出資持分の放棄に伴う課税

　出資持分の定めのある社団医療法人が社会医療法人へ移行する場合には、出資持分を放棄しなればなりません。その際税務上、出資持分の放棄により出資者やその親族等の相続税等が不当に減少する結果となる場合には、医療法人を個人とみなして贈与税が課税されますが、医療法人が社会医療法人の

要件を満たしている場合には、課税しないとしています。
　つまり、社会医療法人への移行に伴って出資持分の放棄をした場合は、医療法人に対する課税はされないということです。

第 5 章　医療法人から社会医療法人への移行

50　社会医療法人の税務（移行に伴う税務②）

Q　社会医療法人へ移行した場合、「解散・設立があったものとみなす」というのは具体的にどのようなことでしょうか。

ポイント
- ◆解散したものとみなされるため、みなし事業年度の適用・欠損金の繰戻し還付の適用・貸倒引当金の繰入計上不可などの規定がある。
- ◆設立したものとみなされるため、青色欠損金の引継ぎ不可、欠損金の繰戻し還付の適用不可などの規定がある。

A　(1)　「解散及び設立があったものとみなす」とは

　社会医療法人に移行するということは、税務上では全所得課税だった法人が収益事業課税の法人へ移行することになります。このことにより、全所得課税であったときに適用を受けていた課税の繰延べ等の措置について、将来的に課税する機会を失ってしまうという可能性が出てきます。そこで、税務では移行に際して、課税関係を清算して、新たに法人をスタートしたものとみなすとしました。

(2)　解散したものとして取り扱う制度

　解散したものとして取り扱う制度の主なものは次の通りです。

①　みなし事業年度の適用

　事業年度開始の日から移行の日の前日までの期間及び移行の日から事業年度終了の日までの期間をそれぞれ1事業年度とみなします。つまり、移行の日の前日を決算日として確定申告をすることとなります。

② 欠損金の繰戻し還付の適用

　移行の日の前日をもって解散したものとみなされるため、移行の日の前日前1年以内に終了した事業年度又は移行の日の前日の属する事業年度において生じた欠損金については、繰戻し還付の規定の適用を受けることができます。なお、欠損金の繰戻し還付の規定は、出資金1億円超の法人についてはその適用が停止されていますが、解散の場合には適用されることとなっています。

③ 貸倒引当金の繰入計上不可

　貸倒引当金の繰入れは、通常翌事業年度においてその全額を取り崩して益金の額に算入することとしていますが、社会医療法人へ移行した場合には、収益事業課税を受けることとなり、翌事業年度において益金の額への算入ができなくなるため、移行の日の前日の属する事業年度においては、貸倒引当金勘定への繰入れができません。

④ 一括償却資産及び資産に係る控除対象消費税額等の損金算入

　社会医療法人へ移行した場合には、収益事業課税を受けることとなり、翌事業年度において損金の額への算入ができなくなるため、移行の日の前日の属する事業年度においては、一括償却資産及び控除対象消費税額等の残額を損金の額に算入します。

⑤ 国庫補助金や保険差益等に係る特別勘定の金額の取崩し

　移行の日の前日において、国庫補助金や保険差益等に係る特別勘定を有している場合には、移行の日の前日の属する事業年度において全額を取り崩し、その事業年度の益金の額に算入します。

(3) 設立したものとして取り扱う制度

① 青色欠損金等の繰越し及び欠損金の繰戻しによる還付の不適用

移行の日の属する事業年度前の各事業年度において生じた欠損金は、移行の日の属する事業年度に繰り越すことはできません。

また、移行の日の属する事業年度において生じた欠損金は繰戻し還付の適用を受けることはできません。

② 受取配当等の益金不算入制度における負債の利子の計算方法

受取配当等の益金不算入制度における負債の利子の額の按分計算においては、移行の日の属する事業年度以後の事業年度のみで計算します。

つまり、簡便法（平成22年4月1日から平成24年3月31日までの間に開始した事業年度を基準）の適用はできません。

③ 一括評価金銭債権に係る貸倒引当金制度における繰入限度額の計算方法

一括評価金銭債権に係る貸倒引当金の繰入限度額の計算において、貸倒実績率の計算については、移行の日の属する事業年度においては、当該事業年度の実績により計算し、翌事業年度以後は移行の日の属する事業年度以後の事業年度を合算して計算します。

51 社会医療法人の税務(移行に伴う税務③)

Q 社会医療法人の認定が取り消された場合の税務について教えて下さい。

ポイント
◆社会医療法人の認定取消しを受けた場合、認定期間中、非課税であった累積所得に対して一度に法人税が課税される。

A 社会医療法人は、要件を満たさなくなった場合には認定が取り消されます。認定の取消しがあった場合には、取消し時点の法人の「簿価純資産価額から利益積立金額を差し引いた金額」に対して一度に課税がされます。

ここでいう利益積立金額とは、課税済利益の累積額(社会医療法人の場合には収益事業等の所得の累積額)ですので、簿価純資産価額から利益積立金額を差し引くことで課税されていない所得の累積額(社会医療法人の場合、医療保健業の所得の累積額)が計算されます。

つまり、認定の取消しがあった場合には、社会医療法人として非課税の恩恵を受けてきた医療保健業からの所得の累積額に一度に課税がされ、場合によっては法人の存続自体が危ぶまれる場合があります。

第5章　医療法人から社会医療法人への移行

52　社会医療法人の税務（移行後の税務）

Q 社会医療法人の移行後の税務について教えて下さい。

ポイント
- ◆医療保健業から生じる所得は、法人税が非課税となり、附帯業務及び収益業務から生じた所得は軽減税率が適用される。
- ◆利子等に係る所得税は非課税となる。
- ◆社会医療法人は資本又は出資を有しない公益法人等に該当するため法人税の計算上、交際費の損金不算入限度額、寄附金の損金不算入限度額が変わります。
- ◆法人住民税の均等割の税率は、最低税率が適用される。

A　（1）　法人税の非課税措置

医療法人の類型	法人税率(注2)	
医療法人（社団・財団）	所得金額800万円以下　19％(注1) 所得金額800万円超　25.5％(注2) （出資金が1億円超の場合は、一律25.5％）(注2)	
特定医療法人	一律19％(注1)	
社会医療法人	医療保健業（附帯業務を除く）	非課税
	附帯業務及び収益事業	一律19％(注1)

（注1）　平成24年4月1日から平成27年3月31日までに開始する事業年度については、年800万円以下の所得について税率15％が適用されます（平成27年度税制改正により2年延長予定）。

（注2）　平成27年度税制改正により、平成27年4月1日以後に開始する事業年度については、税率23.9％に引き下げ予定。

（注3）　平成24年4月1日から平成26年3月31日までに開始する事業年度は、これに加えて法人税額の10％が復興増税として課税されます。

通常、医療法人は、法人税法上の普通法人に区分されるため、課税は一般事業会社と同じです。

しかし、社会医療法人は、資本又は出資を有しない公益法人等に該当し、その公益性から病院や診療所といった医療保健業から生ずる所得が、非課税となります。また、訪問介護などの附帯業務及び収益業務に係る所得ついては、一律19％(注1,2)の軽減税率が適用されます。

② 所得税の非課税措置

社会医療法人が支払を受ける利子等、配当等については、源泉所得税は非課税となります。

③ 交際費の損金算入限度額

社会医療法人は、次の算式により計算した金額を期末出資金の額に準ずる額として交際費の損金不算入額を計算します（Q14参照）。

【出資金の額に準ずる額】

（期末総資産額－期末総負債額－当期利益の額※）×60/100
　　　　　　　　×収益事業に係る資産の価額／期末総資産価額
※貸借対照表に当期の欠損金額が計上されている場合には、
（期末総資産額－期末総負債額＋当期欠損金の額）×60/100×
収益事業に係る資産の価額／期末総資産価額で計算する

④ 寄附金の損金算入限度額

寄附金の損金算入限度額は、次の算式により計算します。

【寄附金の損金算入限度額】

（1）所得金額×50％
（2）年200万円

(1)(2)いずれか大きい金額

⑤ 法人住民税の均等割

社会医療法人は、均等割の税率は、最低金額が適用されます。

53　社会医療法人移行後の手続

Q 社会医療法人移行後の手続について教えて下さい。

ポイント
◆社会医療法人の認定を受けた場合や新たに収益事業等を開始した場合には、税務署に届出書を提出する必要がある。
◆法人税の確定申告書を提出しない法人は、原則として、税務署に損益計算書等を提出する必要がある。
◆都道府県知事へ定期提出書類を提出する必要がある。

A （1）　税務署への手続

① 届出書の提出

社会医療法人の認定を受けた場合には、税務署長に対して、次の届出書を提出する必要があります。

届出書名	届出が必要とされる事由	期限
社会医療法人の認定に関する届出書	社会医療法人の認定を受けた場合、又は、社会医療法人の取消しを受けた場合	認定又は取消しを受けた日以後速やかに
異動届出書	資本金額等の異動等（※）	異動後速やかに
収益事業開始届出書	新たに収益事業を開始した時	収益事業を開始した日以後2月以内
収益事業廃止届出書	収益事業を廃止した時	収益事業を廃止した後速やかに

（※）社会医療法人の認定に関する届出書を提出する場合、商号の変更、法人区分の変更に係る異動届出書の提出は不要です。

② 損益計算書等の提出

社会医療法人（収益事業を行っていることにより法人税の確定申告書を提出する場合を除きます）は、原則として各事業年度終了の日の翌日から4月以内に、各事業年度に係る損益計算書又は収支計算書を納税地を所轄する税務署長に提出しなければなりません。

ただし、年間収入金額が8,000万以下の場合は除きます。

（2） 都道府県知事への手続

社会医療法人は、毎会計年度終了後3月以内に、事業報告書等（事業報告書、財産目録、貸借対照表、損益計算書）、監事の監査報告書の提出に加え、「社会医療法人としての認定要件に該当する旨を説明する書類」を都道府県知事に、提出する必要があります。

第6章

医療法人から特定医療法人への移行

54　特定医療法人の概要

Q 特定医療法人とはどのような法人ですか。

ポイント
◆税法上に定められた医療法人類型である。
◆法人税の軽減税率が適用される。
◆公的な運営が求められる。

A （1）　特定医療法人制度が整備された背景

　昭和25年に医療法により医療法人制度が定められた当初より、医療法人は、配当が禁止されていました。結果としてすべての収益を医療の用に供さなければならない非営利事業であるから、その所得については法人税の軽減税率適用を求める意見がありました。

　これに対して、課税庁は、医療法人は営利を目的とするものでないとしても、公益的な事業遂行を積極的に目的とするものでなく、出資持分の払戻請求権という実質利益の配当を受ける権利を有しているということを理由として、法人税の軽減税率の適用については、組織法たる医療法の改正によって課税の軽減に値する特別な医療法人の性格区分等を明らかにした後に税法上の措置を講ずべきものとしてきました。

　しかし、医療法の改正を待つことは、税法上措置すべき時期を失することと考えられたため、昭和39年の税制改正により、租税特別措置法に医療法人のうち「その事業が医療の普及及び向上、社会福祉への貢献その他公益の増進に著しく寄与し、かつ、公的に運営されている」と認められるものを特定医療法人とするという制度が創設されました。

第6章　医療法人から特定医療法人への移行

(2) 法人税の軽減税率の適用

特定医療法人は、承認申請事業年度より法人税の軽減税率19%(注1)が適用されます。また、法人税額が軽減されることにより、法人税額に税率を乗じて求める地方税額も併せて軽減されます。

医療法人の類型	法人税率(注2)	
医療法人（社団・財団）	所得金額800万円以下19%(注1) 所得金額800万円超　25.5%(注2) （出資金が1億円超の場合は、一律25.5%）(注2)	
特定医療法人	一律19%(注1)	
社会医療法人	医療保健業（附帯業務を除く）	非課税
	附帯業務及び収益事業	一律19%(注1)

(注1)　平成24年4月1日から平成27年3月31日までに開始する事業年度については、年800万円以下の所得について税率15%が適用されます（平成27年度税制改正により2年延長予定）。

(注2)　平成27年度税制改正により、平成27年4月1日以後に開始する事業年度については、税率23.9%に引き下げ予定となっています。

(注3)　平成24年4月1日から平成26年3月31日までに開始する事業年度は、別途、法人税額の10%が復興増税として課税されます。

(3) 公的な運営が求められる

特定医療法人は、国税庁長官の承認をもって特定医療法人となります。

この承認を受けるためには、出資持分の放棄や同族支配要件・報酬の上限規定など、公的な運営をしているとして様々な要件を満たす必要があります。

また、特定医療法人であるためには、その要件を満たし続けなければならず、要件を満たさなくなった場合には、特定医療法人の承認は取り消されます。

55 特定医療法人のメリット・デメリット

Q 特定医療法人の承認を受けた場合のメリット・デメリットについて教えて下さい。

ポイント
◆特定医療法人の承認を受けた場合のメリット
① 法人税の軽減税率が適用される（結果として法人住民税も軽減される）。
② 出資持分がなくなるため、将来の出資持分に係る相続税負担がなくなる。
③ 出資持分がなくなることに伴い、払戻請求権がなくなることから、医療法人の経営の安定が確保される。

◆特定医療法人の承認を受けた場合のデメリット
① 役員等の同族割合が3分の1以下となることから同族経営が継続できない。
② 役職員1人につき年間給与が3,600万円以下に定められている。
③ 毎決算期後3ヶ月以内に国税庁長官に対して、定期提出書類の提出義務がある。
④ 差額ベッドの割合が全ベッドの30％以下と定められている。

A （1） 特定医療法人の承認を受けた場合のメリット

① 法人税の軽減税率が適用される

特定医療法人の承認を受けることにより、法人税の軽減税率が適用されます。また、法人税額の減額に連動して、法人税額を課税標準とする法人住民税も軽減されます。このことにより、法人は資金繰りの改善が期待でき、改

第6章　医療法人から特定医療法人への移行

善した資金を新たな設備や人員の補充など医療の質の向上に繋がる投資に充てることが可能となります。

②　出資持分の放棄に伴い、相続税の課税財産が減少する

　医療法人の出資持分は、配当ができないことから、評価額は右肩上がりに上昇していく傾向にあります。評価額が上昇していくということは、出資者の財産額が増えるということであり、最終的には高額な相続税負担が生じます。しかし、出資者は、出資持分を所有していても配当が受けられませんし、容易に売却・払戻請求をすることもできません。このようなことから、相続税の納税資金の確保に頭を悩ませている出資者は少なくありません。

　一方、特定医療法人の承認を受けるためには、持分の定めのない医療法人である必要があることから、持分の定めのある医療法人の場合には出資持分の放棄が必要とされます。この特定医療法人の承認を受けるために行われる出資持分の放棄については、一切の課税が生じないという取扱いが明確になっています。

　したがって、特定医療法人の承認を受ければ、税負担なしで出資持分を放棄することができ、結果として、出資持分を相続税の対象財産から外すことができます。

　この点を考えれば、相続税の負担で頭を悩ませている出資者にとっては、特定医療法人へ移行するということが解決策の1つとなり得ます。

　また、出資持分がなくなることにより出資者による払戻請求権がなくなりますので、医療法人側としても経営の安定性を確保できるというメリットがあります。

（2）　特定医療法人の承認を受けた場合のデメリット

　特定医療法人は、出資持分の放棄や役員等の同族割合を3分の1以下にしなければならないなどの要件により、オーナー支配権が希薄になります。

　また、役職員1人につき年間給与等総額が3,600万円以下に定められてい

ることや役員等に特別な利益を与えることが禁止されていること、ベッド数のうち差額ベッドが発生する割合に制限があることなど、医療法人の経営ついて一定の制限が生じます。

さらに、毎決算後、国税庁長官に対して、定期提出書類の提出が必要になるため、事務負担が増えます。

【特定医療法人の承認を受けた場合のメリット・デメリット】

主なメリット	主なデメリット
法人税の軽減税率が適用される	役員等の同族割合が1/3以下となることからオーナー支配権が希薄になる
法人税が軽減されることから連動して法人住民税も軽減される	役職員の年間給与が3,600万円以下に定められている
出資持分の放棄をするため、出資持分が相続税の課税財産から外れる(持分の定めのある社団医療法人の場合)	差額ベッドが全ベッドの30%以下と定められている　他
出資持分の払戻請求権がなくなることから経営の安定が確保できる　他	毎決算後、定期提出書類の提出が必要となる。

56　特定医療法人と社会医療法人の違い

Q 特定医療法人と社会医療法人の相違点について教えて下さい。

ポイント
◆特定医療法人は税法で定める医療法人の類型であり、社会医療法人は医療法で定める医療法人の類型である（根拠法が違う）。
◆特定医療法人は法人税の軽減税率の適用が受けられる。一方、社会医療法人は医療保健業から生じた所得に係る法人税は非課税であることのほか、一定の場合、固定資産税なども非課税となる（優遇税制が違う）。
◆社会医療法人の場合には、救急医療等確保事業の実施要件がある。
◆社会医療法人の場合には、収益事業を営むことや社会医療法人債の発行など資金調達手段が整備されている。

A （1）　根拠法が違う

　特定医療法人は、租税特別措置法に定められた医療法人の類型であり、社会医療法人は、医療法に定められた医療法人の類型です。
　特定医療法人は国税庁長官の承認を受けることが必要であり、社会医療法人は都道府県知事の認定を受けることが必要です。

（2）　優遇税制が違う

　特定医療法人の承認を受けた場合の優遇税制は、法人税の軽減税率の適用のみですが、社会医療法人の認定を受けた場合の優遇税制は、医療保健業から生じた所得に係る法人税は非課税、救急医療等確保事業に要する固定資産に係る固定資産税が非課税など、公益法人並みの優遇制度が整備されています。

(3) 救急医療等確保事業の実施要件

　社会医療法人の場合には、地域の中核的な病院として都道府県の医療計画に医療機関名が記載されていることや過去3会計年度において一定基準以上の救急医療や災害医療・小児医療などの実績を要求されています。
　一方、特定医療法人については、そのような医療行為に対する実績は、定められていません。

(4) 資金調達手段

　社会医療法人は、（3）の救急医療等確保事業という一般的には不採算とされる医療行為を行うことが要件とされているため、救急医療等確保事業を行うための資金調達手段として、収益事業を営むことや社会医療法人債を発行することが認められています。一方、特定医療法人については、収益事業を営むことも債券を発行することも認められていません。

第6章 医療法人から特定医療法人への移行

57 特定医療法人の承認要件の概要

Q 特定医療法人の承認を受けるための要件には、どのようなものがありますか。

ポイント
◆特定医療法人の承認を受けるためには、(1)役員の同族割合など運営に関する要件と、(2)厚生労働大臣が定める基準をすべて満たす必要がある。

A （1） 運営に関する要件

特定医療法人の承認を受けるためには、医療法人の運営に関する要件を満たす必要があります。具体的には、次に掲げる要件を満たさなければなりません。

---

① 運営組織が適性であるとともに、理事・監事・評議員など役員等の同族割合が3分の1以下であること
② 役員等や社員などに対して施設の利用、金銭の貸付け、資産の譲渡、給与の支給、役員等の選任その他財産の運用及び事業の運営に関して特別の利益を与えていないこと
③ 解散した場合の残余財産が国、地方公共団体又は持分の定めのない医療法人に帰属すること
④ 法令に違反する事実、その帳簿書類に取引の全部又は一部を隠蔽し、又は仮装して記録又は記載をしている事実その他公益に反する事実がないこと

159

（2） 厚生労働大臣が定める基準

　特定医療法人の承認を受けるためには、厚生労働大臣が定める基準を満たす必要があります。具体的には、次に掲げる基準を満たさなければなりません。

① 社会保険診療等に係る収入金額の合計額が全収入金額の80％を超えること
② 自費患者に対し請求する金額が社会保険診療報酬と同一の基準により計算されること
③ 医療診療により収入する金額が、医師、看護師等の給与、医療提供に要する費用等患者のために直接必要な経費の額の1.5倍以内であること
④ 役職員1人につき年間の給与等の総額が3,600万円以下であること
⑤ その医療法人の施設が次のいずれにも該当すること
　㈠　施設規模（都道府県から次の基準に該当する旨の証明書の交付を受けること）
　　　イ　病院の場合　40床以上又は救急病院であること
　　　ロ　診療所の場合　15床以上でありかつ救急診療所であることなど
　㈡　差額ベッド数の割合が30％以下であること

58　特定医療法人の組織と同族支配要件

Q 特定医療法人の組織と同族支配要件について教えて下さい。

ポイント
◆社団医療法人が特定医療法人の承認を受ける場合には、社員・理事・監事・評議員を設けること。
◆財団医療法人が特定医療法人の承認を受ける場合には、理事・監事・評議員を設けること。
◆特定医療法人の承認を受ける場合には、理事・監事・評議員・社員のうち親族等の占める割合が3分の1以下でなければならない。

A　（1）　社団医療法人の場合の組織

　社団医療法人が特定医療法人の承認を受ける場合には、社員・理事・監事・評議員を設けることとなっています。
　なお、一般の社団医療法人及び社団医療法人である社会医療法人の場合は、評議員を設けることは義務付けられていません。

（2）　財団医療法人の場合の組織

　財団医療法人が特定医療法人の承認を受ける場合には、理事・監事・評議員を設けることとなっています。

（3）　役員等の人数

　特定医療法人の社員・理事・監事・評議員（以下「役員等」という）は、運営組織の適正性を担保するために、理事は6名以上、監事は2名以上選任する必要があります。また、評議員は理事の数の2倍以上を選任する必要が

あります。

したがって、役員等について、最少人数で特定医療法人の承認を得ようとする場合であっても、理事6名、監事2名、評議員12名（理事の2倍以上）の合計20名を選任する必要があります。

（4） 同族支配要件

特定医療法人の役員等は、それぞれの総数のうち親族等の占める割合が3分の1以下でなければなりません。

ここでいう親族等とは、次のような者をいいます。

---

① 親族（6親等以内の血族及び3親等以内の姻族）
② 親族関係を有する役員等と婚姻の届出をしていないが事実上婚姻関係と同様の事情にある者
③ 親族関係を有する役員等の使用人及び使用人以外の者でその役員等から受ける金銭その他の財産によって生計を維持しているもの
④ ②又は③に掲げる者の親族でこれらの者と生計を一にしているもの

なお、社会医療法人においては、3親等以内の親族が同族支配かどうかの判定となる親族範囲であるのに対して、特定医療法人の場合には、6親等以内の血族と3親等以内の姻族が同族支配かどうかの判定となる親族範囲となるため、同族親族の範囲は異なります。

第6章　医療法人から特定医療法人への移行

【親族図（6親等以内の血族及び3親等以内の姻族）】

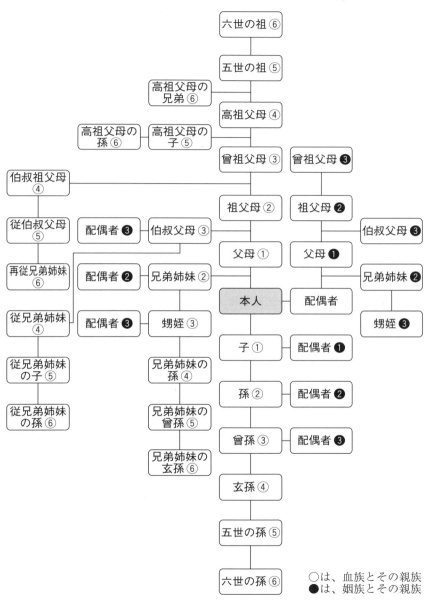

59　特別の利益供与の禁止要件

Q 特定医療法人の要件の中に特別の利益供与の禁止要件がありますが、具体的に、誰に対してどのようなことをした場合、特別の利益供与に当たるのですか。

ポイント

◆設立者・社員・理事・監事・評議員及びこれらの者の親族等に対して特別の利益を与えてはいけない。

◆特別の利益とは、施設の利用、金銭の貸付け、資産の譲渡、給与の支給、役員等の選任、その他財産の運用や事業の運営に関して、上記の者に特別有利な配慮をすることをいう。

◆特定医療法人の申請年度前3事業年度において、特別の利益供与があった場合には承認を受けることは難しいと考えられる。

A　(1)　特別の利益の具体例

特定医療法人は、設立者・社員・理事・監事・評議員及びこれらの者の親族等（以下「特定の者」という）に対して特別の利益を与えてはならないとしています。特別の利益とは、次のようなことが当てはまります。

① 施設の利用…法人の所有する土地を特定の者に居住、担保その他私事に利用させることなど

② 金銭の貸付け…法人の他の従業員に比べて有利な条件で、特定の者に金銭の貸付けをすること

③ 資産の譲渡…他の者に比べ低額で資産の譲渡を行うこと
　　　　　　　例えば、法人所有の車両を低額で役員等に譲渡した場合など

④ 給与の支給…特定の者に対して、法人の役員等の地位にあることのみに基づいた給与等を支払い、又は法人の従業員に比べて過大な給与等を支払うこと
⑤ 役員等の選任…役員等の選任について、特定の者が優先的に選任されることなど
⑥ その他…特定の者から金銭その他の財産を過大な利息又は賃料で借り受けること
　　　　　　特定の者からその者が所有する財産を過大な対価で譲り受けること、又はこれらの者から病院等の業務の用に供するとは認められない財産を取得すること
　　　　　　特定の者の債務に関して、保証、弁済、免除又は引受け（法人の設立のための財産の提供に伴う債務の引受けを除く）をすること

（2） 過去3事業年度において特別の利益供与がないこと

特別の利益供与が行われていないかどうかについては、国税局による事前調査でチェックが行われます。

調査対象期間は、過去3事業年度であり、その間に特別の利益供与があった場合には、特定医療法人の承認を受けることは難しいといえます。

したがって、申請に際しては、過去3事業年度において特別の利益供与に当たるような取引等がなかったかどうかを見直し、そのような取引がある場合には、申請事業年度の前事業年度まで（申請事業年度の直前事業年度中）に改善し、さらに特別の利益供与を受けた者から受けた利益相当額の返還等を受けておくなどして、取引を清算しておく必要があります。

60 残余財産の帰属に関する要件・法令違反に関する要件

Q 特定医療法人の要件の中に解散した場合の残余財産の帰属に関する要件及び法令違反に関する要件がありますが、具体的に教えて下さい。

ポイント
◆特定医療法人は、定款又は寄附行為に、解散した場合の残余財産は国等に帰属させることを定めなければならない。
◆特定医療法人の承認を受けるに当たっては、法令に違反している事実がないなどの要件を満たさなければならない。

A (1) 残余財産の帰属に関する要件

① 定款又は寄附行為の定め

特定医療法人の承認を受ける場合には、定款又は寄附行為に、解散した場合の残余財産については、国等に帰属させることを定めなければならないという要件を満たす必要があります。

なお、定款又は寄附行為に定める必要がありますので、法人の内規による定めや社員間の同意などでは、この要件を満たしたことにはなりません。

具体的には、次のような定めを置くことになります。

> 第○○条　本社団（財団）が解散したときの残余財産は、国若しくは地方公共団体又は同種の医療法人に帰属せしめるものとする。

② 帰属先の選択

国等の範囲は、国若しくは地方公共団体又は同種の医療法人とされていますが、帰属先に優先順位はなく、いずれかを選択することになります。

なお、同種の医療法人は財団医療法人又は社団医療法人で持分の定めのないものをいいます。

(2) 法令違反に関する要件

法令違反に関する要件とは、特定医療法人の承認を受けるに当たって、次に掲げる事実がないことをいいます。

① 法令に違反する事実
② その帳簿書類に取引の全部又は一部を隠蔽し、又は仮装して記録又は記載をしている事実
③ その他公益に反する事実

61　厚生労働大臣が定める基準要件

Q 特定医療法人の承認を受けるためには、厚生労働大臣が定める基準を満たす必要がありますが、厚生労働大臣の定める基準について具体的に教えて下さい。

ポイント

- ◆厚生労働大臣の定める基準は、(1)社会保険収入割合基準、(2)自費患者に対する請求基準、(3)医業費用割合基準、(4)報酬基準、(5)施設基準から構成される。
- ◆社会保険収入割合基準は、全収入のうち社会保険診療等に係る収入の占める割合が80％超でなければならないという基準である。
- ◆自費患者に対する請求基準とは、自費患者に対する請求金額が社会保険診療報酬と同一の基準により計算されなければならないという基準である。
- ◆医業費用割合基準とは、医療診療に係る収入金額が患者のために直接必要な経費の額に1.5を乗じた金額の範囲内でなければならないという基準である。
- ◆報酬基準とは、役職員1人につき年間の給与総額が3,600万円を超えてはならないという基準である。
- ◆施設基準とは、一以上の施設の規模が一定以上であり、各施設の差額ベッド割合が30％以下でなければならないという基準である。

A **(1)　社会保険収入割合基準**

特定医療法人は、全収入のうち社会保険診療等に係る収入の占める割合が80％を超えていなければなりません。すなわち、全収入のうち自由診療報酬

の占める割合が20%を下回っていなければなりません。特定医療法人は公的な医療法人であるということから、公的な医療の代表例ともいえる社会保険診療を提供する割合の下限を定めています。

なお、社会保険診療に係る収入金額には、介護老人保健施設など一定の介護保険に係る収入及び次に掲げる診療等に係る収入が含まれます。

① 労働者災害補償保険法(以下「労災」)に係る患者の診療報酬(ただし、労災に係る診療報酬が社会保険診療報酬と同一の基準によっている場合又は労災に係る診療報酬が全収入の概ね10%以下の場合に限ります)

② 健康増進法に係る健康増進事業(いわゆる健康診断に係るものに限り、かつ、当該収入金額が社会保険診療報酬と同一の基準によっている場合に限ります)

(2) 自費患者に対する請求基準

特定医療法人の場合、自費患者に対する請求金額については、社会保険診療報酬と同一の基準により計算しなければなりません。

ここで、自費患者とは、社会保険診療に係る患者及び労災に係る患者以外の患者をいいます。

(3) 医業費用割合基準

特定医療法人は、医療診療に係る収入金額が医師、看護師等の給与、医療の提供に要する費用(投薬費等を含む)等患者等のために直接必要な経費の額に1.5を乗じた金額の範囲内でなければなりません。

算式で表すと次のようになります。

$$\boxed{医療診療に係る収入} \leq \boxed{患者等のために直接必要な経費の額} \times 1.5$$

つまり、医療診療で得た収入の3分の2以上は患者等のために直接必要な経費として費消することが要求されているといえます。

なお、医療診療に係る収入とは、社会保険診療収入だけでなく、自由診療収入を含めた、医療行為から生ずる収入です。

(4) 報酬基準

特定医療法人は、役職員1人につき年間の給与総額が3,600万円を超えることはできません。

役職員が対象ですので、役員だけではなく職員も判定の対象となります。

なお、この給与総額には、給与はもちろん、賞与や通勤手当等も含まれます。すなわち、年間の法人からの支給額が3,600万円以下でなければならないということです（特定医療法人における役員報酬や役員退職金に関してはQ66を参照して下さい）。

(5) 施設基準

① 施設規模

特定医療法人は、その医療施設のうち、一以上の医療施設が次の要件を満たさなければなりません。

(イ) 病院の場合

40床以上（専ら皮膚泌尿器科、眼科、整形外科、耳鼻いんこう科又は歯科の診療を行う病院にあっては、30床以上）であること、または救急告示指定を受けていること

(ロ) 診療所の場合

15床以上であり、かつ、救急告示指定を受けていること

② 差額ベッド割合

特定医療法人は、病院、診療所及び介護老人保健施設の各医療施設ごとに、差額ベッド数の割合が30％以下でなければなりません。

第6章　医療法人から特定医療法人への移行

62　特定医療法人の承認を受けるための手続

Q 特定医療法人の承認を受けるための手続について教えて下さい。

ポイント

◆特定医療法人の承認を受けるためには、(1)社員総会等による内部合意の形成、(2)都道府県知事に対する施設要件を充足していることの証明申請、(3)厚生労働大臣の証明書の交付申請、(4)国税局への事前審査の申出、(5)定款又は寄附行為の変更、(6)税務署への承認申請、(7)国税庁からの承認という一連の手続が必要とされる。

A 特定医療法人の承認を受けるためには次に掲げる手続が必要とされます。

(1) 社員の合意形成（持分の定めのある社団医療法人の場合）

持分の定めのある社団医療法人が特定医療法人に移行する場合には、各社員について出資持分を放棄することになりますので、全社員の特定医療法人移行に関する合意形成が必要です。

(2) 都道府県知事に対する施設要件充足の証明申請

特定医療法人としての施設要件を充足している旨の証明を各都道府県に依頼します（特定医療法人としての施設要件は、Q63を参照して下さい）。

また、この段階で後ほど必要となる特定医療法人へ移行するための定款（又は寄附行為）の変更に関する事前審査も申し出ます（(5)参照）。

(3) 厚生労働大臣の証明書の交付申請

(2)により交付を受けた証明書及びその他の要件を充足することを証明

するための書類を添付して、所轄の地方厚生局に提出します。

（４） 国税局への事前審査の申出

（３）により交付を受けた証明書及び事前審査に必要な書類を添付し、国税局に事前審査の申出を行います。

なお、事前審査の申出については、特定医療法人に移行しようとする事業年度終了の日の６ヶ月前（例えば、３月決算の医療法人の場合には前年の９月末）までに行う必要があります。

申出後に、所轄国税局が実地調査に訪れます（３月決算法人の場合には、10月から11月までの間に行われます）。

（５） 都道府県知事への定款変更申請

（４）の事前審査により、国税局から特定医療法人移行に関する内定の連絡があれば、特定医療法人移行のための定款（又は寄附行為）の変更を行います。

（６） 税務署への承認申請書提出

（５）の定款（又は寄附行為）変更の認可書が交付されれば、特定医療法人承認申請書を所轄の税務署に提出します。

（７） 国税庁より承認通知書

（６）の承認申請書の提出を経て、国税庁より承認通知書が届きます。

第6章 医療法人から特定医療法人への移行

【特定医療法人承認手続の全体像】

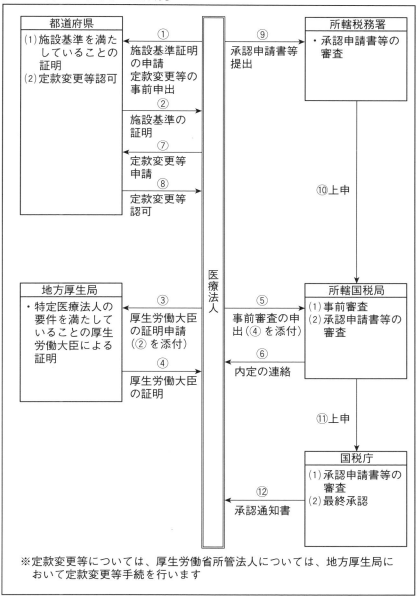

63 都道府県への証明願

Q 都道府県知事への施設基準を満たしている旨の証明願について教えて下さい。

ポイント

◆都道府県知事から次のいずれかの条件を満たしているという証明を受ける必要がある。
  ① 40床以上の病院であること
  ② 30床以上の病院で、専ら皮膚泌尿器科、眼科、整形外科、耳鼻いんこう科又は歯科の診療を行っていること
  ③ 救急告示指定を受けている病院であること
  ④ 15床以上の診療所で救急告示を受けていること

A （1） 証明願手続

都道府県知事に対し証明願の書面を提出します。施設基準を満たしている場合には、一般的に2～3週間程度で返送されます。

なお、実地調査などは行われず、各要件を充足することに関する付表及び書面の提出により判断されます。

また、証明書交付には、手数料がかかります（手数料は、各都道府県で異なります）。

（2） 40床以上の病院であること

40床以上の病院である場合には、証明願と付表1を提出します。付表1には、病床区分ごとの病室数及び病床数を記載することを要求されています。

また、添付書類として「医療施設に係る使用許可証（当該医療施設が開設

されていない場合は、医療法人設立認可証又は開設許可証)」を併せて提出します。

（3） 30床以上の病院で、専ら皮膚泌尿器科、眼科、整形外科、耳鼻いんこう科又は歯科の診療を行っていること

30床以上の病院で、専ら皮膚泌尿器科、眼科、整形外科、耳鼻いんこう科又は歯科の診療を行っている場合には、証明願と付表1及び付表2を提出します。付表2には、次のことを記載することが要求されています。
① 行っている診療科名
② 〈皮膚泌尿器科、眼科、整形外科、耳鼻いんこう科又は歯科〉の診療を行う診療科ごとの担当常勤医師名
③ 〈皮膚泌尿器科、眼科、整形外科、耳鼻いんこう科又は歯科〉ごとの前事業年度（新設法人の第1回事業年度にあっては、事業年度開始の日から申請のときまでの期間）の年間診療患者数及び1日平均入院患者数
④ 〈皮膚泌尿器科、眼科、整形外科、耳鼻いんこう科又は歯科〉ごとの看護職員数（専従者と他診療科との兼務）及び全診療科の看護職員数

（4） 救急告示指定を受けている病院であること若しくは15床以上の診療所で救急告示を受けていること

救急告示指定を受けている病院である場合若しくは15床以上の診療所で救急告示を受けている場合には、証明願と付表1及び付表3を提出します。

【証明願】

租税特別措置法施行令第39条の25第1項第1号に規定する厚生労働大臣が財務大臣と協議して定める基準のうち第2号イに該当している旨の証明願

申請者名 ＿＿＿＿＿＿＿＿＿＿㊞
住　　所 ＿＿＿＿＿＿＿＿＿＿

平成　　年　　月　　日

　　＿＿＿＿＿＿＿知事　殿

次の記載事項が事実に相違ないことを証明願います。

記

1　証明の対象となる医療施設
　(1)　名称
　(2)　所在
　(3)　標榜する診療科目
2　証明を受けようとする事実（下記のうち証明を受けようとする項目の□欄を塗りつぶすこと。）

区分欄		基準
(1)	□	病院（医療法（昭和23年法律第205号）第1条の5第1項）であって、40人以上の患者を入院させるための施設を有すること。
(2)	イ　□	専ら（皮膚泌尿器科、眼科、整形外科、耳鼻いんこう科又は歯科）科の診療を行う病院(医療法（昭和23年法律第205号)第1条の5第1項）であって、30人以上の患者を入院させるための施設を有すること。
	ロ　□	救急病院等を定める省令（昭和39年厚生省令第8号）第2条第1項の規定に基づき、救急病院である旨を告示されていること。
	ハ　□	救急病院等を定める省令第2条第1項の規定に基づき、救急診療所である旨を告示され、かつ、15人以上の患者を入院させるための施設を有すること。

（注意事項）
・上記区分欄の(1)に該当する場合は、(2)について証明を受ける必要はないこと。
・証明を受けようとする事実に応じ、(1)に該当する場合は付表1を、(2)イに該当する場合は付表1及び付表2を、(2)ロ又はハに該当する場合は付表1及び付表3を添付すること。

付表記載事項等を調査した結果、上記の記載事項は事実と相違ないことを証明する。

　　　　平成　　年　　月　　日
　　　　　証明者＿＿＿＿＿＿＿＿＿＿＿＿＿＿＿＿＿

第6章 医療法人から特定医療法人への移行

【付表1】

付表1

証明を受けようとする医療施設に係る明細書

申請者名＿＿＿＿＿＿＿＿㊞
住　　所＿＿＿＿＿＿＿＿

以下のとおり相違ありません。

入院施設の明細

病床区分	室数	病床数
一般病床		
療養病床		
精神病床		
感染症病床		
結核病床		
合計		

（記載上の留意事項）
① 患者収容定員数（病床数）については、当該医療施設が医療法第27条の規定に基づき使用許可を受けている許可病床の数を記載すること。
② 当該医療施設が開設されていない場合は、医療法人設立認可の際の開設予定病床数又は開設許可を受けている病床数をもってこれに代えること。この場合、開設予定又は開設許可病床数が使用許可病床数と相違することのないよう留意すること。
※ 当該医療施設に係る使用許可証（当該医療施設が開設されていない場合は、医療法人設立認可証又は開設許可証）を添付すること。

【付表2】

付表2

証明を受けようとする事実(2)イに係る添付書類

申請者名＿＿＿＿＿＿＿＿＿＿＿＿＿＿ 印

住　　所＿＿＿＿＿＿＿＿＿＿＿＿＿＿

以下のとおり相違ありません。

1　診療科名（該当するものすべての番号を○で囲むこと）

> 1内科　2心療内科　3精神科　4神経科　5呼吸器科　6消化器科　7循環器科　8アレルギー科　9リウマチ科　10小児科　11外科　12整形外科　13形成外科　14美容外科　15脳神経外科　16呼吸器外科　17心臓血管外科　18小児外科　19皮膚泌尿器科　20性病科　21こう門科　22産婦人科　23眼科　24耳鼻いんこう科　25気管食道科　26リハビリテーション科　27放射線科　28歯科　29矯正歯科　30小児歯科　31歯科口腔外科　32神経内科　33胃腸科　34皮膚科　35泌尿器科　36産科　37婦人科　38麻酔科

2　皮膚泌尿器科、眼科、整形外科、耳鼻いんこう科又は歯科の診療に係る実績等

(1)担当常勤医師の氏名

診療科名	氏名

(2) 診療の実績（平成　年　月　日から平成　年　月　日まで）

診療科名	年間診療患者数	1日平均入院患者数
皮膚泌尿器科		
眼科		
整形外科		
耳鼻いんこう科		
歯科		
合計		
全診療科		

（記載上の留意事項）

　　前事業年度（新設法人の第1回事業年度にあっては、事業年度開始の日から申請のときまでの期間）について記載すること。

(3) 看護職員数

| 診療科名 | 看護職員 ||
	専従者	他診療科との兼務
皮膚泌尿器科		
眼科		
整形外科		
耳鼻いんこう科		
歯科		
合計		
全診療科		

【付表3】

付表3

証明を受けようとする事実(2)ロ又はハに係る添付書類

　　　　　申請者名＿＿＿＿＿＿＿＿＿＿＿＿＿＿㊞
　　　　　住　　所＿＿＿＿＿＿＿＿＿＿＿＿＿＿＿

以下のとおり相違ありません。

1　指定を受けている医療施設の種別（いずれか該当するものを○で囲むこと。）
　・救急病院
　・救急診療所

2　告示年月日等
　昭和　　年　　月　　日　　　　県告示第　　　号

※　救急病院等を定める省令第2条第1項の規定に基づき、救急病院又は救急診療所である旨を告示されていることを証する書類（都道府県公報の写し又は指定書）を添付すること。

64 地方厚生局への証明申請の概要

 厚生労働大臣の定める基準を満たす旨の証明申請について教えて下さい。

ポイント
◆証明申請から証明書の交付まで一般的に1月～1ヶ月半程度かかる。
◆実地調査は行われない。
◆証明書交付手数料は発生しない。
◆「役職員1人につき年間報酬3,600万円以下」については、承認申請事業年度において満たしていればよい。

(1) 証明申請の概要

　厚生労働大臣が定める基準を満たす旨の証明申請に際しては、証明願書と各種の添付書類を提出します。添付書類の中には、都道府県知事の施設基準を満たす旨の証明書も必要となることから、先に都道府県知事から証明書の交付を受ける必要があります。

　また、証明書は、一般的に地方厚生局に申請書を提出してから1月～1ヶ月半程度で交付されますが、書類に不備がある場合や追加で資料の提出を求められた場合には、さらに時間を要しますので早めに準備及び申請をした方がよいといえます。なお、実地調査は行われず、証明に際しての証明書交付手数料も発生しません。

(2) 役職員の報酬年3,600万円以下の規定

　役職員の報酬年3,600万円以下の規定については、申請事業年度において満たしていればよいとされています。なお、申請書類には、役職員ごとの給与見込み額を記載します。

65　地方厚生局への証明申請に必要な書類

Q 厚生労働大臣の定める基準を満たす旨の証明申請に必要な書類について教えて下さい。

ポイント
◆厚生労働大臣が定める基準ごとに付表（各基準に関する明細）及び添付書類を準備しなければならない。

A 厚生労働大臣の定める基準を満たす旨の証明申請の際には、証明願のほかに、次に掲げるそれぞれの基準ごとに、次に掲げる書類を提出します。

（1）　保険収入割合基準・自費患者に対する請求基準

保険収入割合基準・自費患者に対する請求基準を満たしていることの証明を受けるために、次に掲げる書類を提出します。

> ①　付表1（保険収入割合・自費患者に対する請求に関する明細書）
> ②　前事業年度に係る法人事業税の確定申告書（所得金額に関する計算書及び医療法人等に係る所得金額の計算書又は法人税の明細書別表十（六）が添付されているものに限ります）
> ③　診療報酬規程

（2）　医業費用割合基準

医業費用割合基準を満たしていることの証明を受けるために、次に掲げる書類を提出します。

> ① 付表2（医業費用の割合に関する明細書）
> ② 前事業年度の決算書類（財産目録、収支（損益）計算書、貸借対照表、剰余金処分計算書）
> ③ 就業規則、給与（退職給与を含みます）規則（給与の額が定められているものに限ります）
> ④ 定款又は寄附行為の写し

なお、申請に際して、給与規則などを改正している場合には、改正前と改正後の給与規則及び改正があったことを証する書類（理事会の議事録など）を添付します。

（3） 報酬基準

報酬基準を満たしていることの証明を受けるために、「付表3（役職員に対する給与の明細）」を提出します。

なお、付表3には、損益計算書の給与費（常勤職員・非常勤職員・役員）に係る役員・職員の全員分の前事業年度における給与支給総額を記載します。

併せて、承認申請をする事業年度の給与支給予定総額も記載します。

また、必要に応じて、各役職員の給与簿の提出が求められる場合があります。

（4） 医療施設に関する基準

医療施設に関する基準を満たしていることの証明を受けるために、事前に取得した「都道府県知事の証明書」を添付します（Q63参照）。

（5） 差額ベッドの割合に関する基準

差額ベッドの割合に関する基準を満たしていることの証明を受けるために、次に掲げる書類を提出します。

① 付表4（特別の療養環境に係る病床（差額ベッド）の明細）
② 前事業年度に係る厚生労働大臣が実施する施設基準の届出状況等の報告における特別の療養環境の提供に係る調査票の写し

【提出書類・まとめ】

各基準	添付書類
証明願	―
保険収入割合基準 自費患者に対する請求基準	付表1（保険収入割合・自費患者に対する請求に関する明細） 前事業年度に係る法人事業税の確定申告書など 診療報酬規程
医業費用割合基準	付表2（医業費用の割合に関する明細） 前事業年度の決算書類 就業規則、給与規則（退職給与規程） 定款又は寄附行為の写し
報酬基準	付表3（役職員に対する給与の明細）
医療施設に関する基準	都道府県知事の証明書
差額ベッドの割合に関する基準	付表4（差額ベッドの明細） 前事業年度に係る厚生労働大臣が実施する施設基準の届出状況等の報告における特別の療養環境の提供に係る調査票の写し

66　地方厚生局への証明申請の留意点①

Q 特定医療法人における役員報酬と役員退職金の支給について教えて下さい。

ポイント
◆役員の地位のみに基づく報酬の支給はできない。
◆役員報酬規程や役員退職金規程は廃止となる。

A 特定医療法人での役員等は、あくまでも"名誉職"という位置付けになります。すなわち、考え方としては、役員であっても特定医療法人の従業員であるということです。したがって、役員報酬や役員退職金という概念は、通常の医療法人の場合と異なります。

（1）　役員報酬

特定医療法人における役員等は、従業員と同じ立場となるので、報酬についても、従業員と同じ給与報酬規程に基づいて支給されます。したがって、特定医療法人の承認を受けた場合には、役員報酬規程は廃止されます。

なお、勤務実態に基づかない役員という地位のみに基づく報酬を支給することはできません。

（2）　役員退職金

特定医療法人の場合、役員退職金の概念はありません。つまり、役員に対する退職金であっても、従業員と同じ退職金規程に基づいて支給されることになります。したがって、特定医療法人の承認を受けた場合には、役員退職金規程は廃止されます。

67　地方厚生局への証明申請の留意点②

Q　「役職員1人につき年間報酬3,600万円以下」の中には、給与・賞与の他に含めなければならないものはありますか。

ポイント
- ◆勘定科目にかかわらず、病院で直接業務に従事する役員・従業員に対する給与及び手当が対象となる。
- ◆手当（通勤手当など）については、税務上の課税・非課税にかかわらず、含まれる。

A　特定医療法人の承認を受けるための要件には、役職員1人当たり年間の給与総額（俸給、給料、賃金、歳費及び賞与並びにこれらの性質を有する給与の総額）が3,600万円以下でなければなりません。

　ここでいう給与の中には、給料や賞与といったもの以外に、役員・従業員に支給する通勤手当なども含まれます。なお、これらについては、税務上の課税・非課税にかかわらず含める必要があります。

第6章　医療法人から特定医療法人への移行

68　地方厚生局への証明申請の留意点③

Q　申請書の添付書類の中に診療報酬規程というものがありますが、これはどのようなものですか。

ポイント
◆診療報酬規程とは、病院の診療報酬及び使用料等を定めたものである。
◆診療報酬規程を通じて、自動車事故被害者への請求や診断書、その他施設の使用に関する請求が不当に高額となっていないかどうかが確認される。

A　特定医療法人の要件には、「自費患者に対し請求する金額が、社会保険診療報酬と同一の基準により計算されること」とあり、診療報酬規程等を通じてその要件を満たしているかどうかの確認を受けます。
　したがって、いわゆる自費患者に対する請求（自動車事故被害者への請求や診断書、その他施設の使用に関する請求）が不当に高額であってはなりません。

【診療報酬規程・サンプル】

診療報酬などに関する規程

第1条　医療法人○○病院（以下単に病院という）の診療報酬及び使用料等はすべてこの規程の定めるところによる。

第2条　病院の診療報酬の額は、健康保険法の規定による療養に要する額の算定方法別表第一診療報酬点数表により算定して得た額とする。

（2）　保険証を持たず又は健康保険法の適用を受けることのできない者（自殺未遂等）に対する診療費の算定もまた同じ。

第3条　貧困のため本人の支払額の負担が困難と認める者については事情を調査し福祉事務所民生委員等と協議の上診療費を減免することがある。

第4条　診療報酬点数表に定めのない手数料、利用料などについては次のとおり定める。

（1）　公害健康被害者、労災患者、予防接種による健康被害者の診療報酬は、法令等に基づいて算定される額

（2）　自動車事故被害者の診療報酬は、○○医師会の内規による標準料金

（3）　その他、○○医師会の定める内規によるもの

　　イ　証明書、諸手数料
　　ロ　諸診断書料
　　　　死亡診断書料、生命保険死亡診断書料、健康診断書料、その他
　　ハ　健康診断書料
　　　　諸検査を行ったときは別に報酬点数表に定める額を加算する。

（4）　使用料、利用料
　　別紙のとおり

第5条　この規程施行に際し必要な事項は病院長が定める。

第6章 医療法人から特定医療法人への移行

69 国税局の事前審査に際しての必要書類

Q 国税局の事前審査に際して必要となる書類は、どのようなものですか。

ポイント

◆事前審査においては、次のような書類を準備する必要がある。

1	特定医療法人としての承認を受けるための申請書（案）
	申請者の医療施設等の明細等（申請書付表）
	法人の登記簿謄本の写し
	設立者名簿及び社員名簿の写し
	出資持分の内訳が確認できる書類
	病院等の建物の配置図
	病院等の組織図
	病院等の概要が分かる資料（パンフレット）
2	寄附行為又は定款の写し
3	申請時の直近に終了した事業年度に係る厚生労働大臣の定める基準を満たす旨の証明書
4	承認要件を満たす旨を説明する書類
	申請者の理事、監事及び評議員等に関する明細表（書類付表1）
	申請者の経理等に関する明細表（書類付表2）
	理事、監事及び評議員等の履歴書
	直前3事業年度の決算書類及び帳簿書類
	就業規則及び給与（退職給与を含む。）規程の写し
	各人別の源泉徴収簿等の給与の支給状況が確認できる書類
	その他承認要件を満たす旨を説明する書類

A 国税局の事前審査については、上に掲げた書類を準備する必要があります。厚生労働大臣の定める基準を満たす旨の証明書も準備書類であることから事前審査を受ける前に証明書の交付を受ける必要があります。

70 国税局による実地調査の留意点①

Q 調査で多く見受けられる指摘事項及び調査項目にはどのようなものがありますか。

ポイント
◆実地調査は、役員等に対して特別の利益供与が行われていないかどうか、次のような項目についても調査が行われる。
① 特定の団体や者に対する入会金、諸会費、寄附金などの支出がないか。
② 資産や経費の私的利用がないか。
③ 給与の支給基準が従業員と同一かどうか。

A 特定医療法人の承認を受けるための実地調査は、役員等に対して特別の利益供与が行われていないかどうか、役員等との直接取引以外に次のような項目についても調査が行われます。

（1） 特定の団体や個人に対する入会金、諸会費、寄附金などの支出

医師や看護師その他医療従事者はその専門性から多くの団体や組織に加入し活動を行っており、その入会金等を医療法人が負担しているケースも多く見受けられます。

ただし、その団体や組織に入会すること及びその活動内容が、法人としての業務と関係がない場合や役員等のみが加入している場合などは、特別の利益供与に当たります。

例えば、役員等の出身医科大学のOB会への支出や医師会の中でも任意で活動している趣味の同好会への支出などが該当します。

(2) 福利厚生の一環としての診療

職員等が法人の運営する病院等で受診した際に自己負担分の一部(又は全部)を免除することは、福利厚生の一環として多くの医療機関が制度化していますが、役員等やその親族に対してのみ優遇することは、特別の利益供与に当たります。

(3) 資産の私的利用

法人所有の資産が役員等に私的に利用されている実態がないかどうか。

例えば、法人所有の車両やゴルフ会員権、福利厚生施設などについて、その利用が役員等に限定されている場合は、特別の利益供与に当たります。

(4) 役員等に対する貸付金

役員等に対する貸付金については、その貸付行為について合理的な理由がない限り、原則として一括で返済を受け、解消する必要があります。なお、貸付金に係る利息相当額の授受が行われていない場合には、過去の利息分を含めて返済を受ける必要があります。

(5) 経費の私的利用

役員等が使用した経費、特に交際費や旅費交通費(出張費)、会議費などが私的利用に該当する場合には、特別の利益供与に当たります。

(6) 給与の支給基準

給与の支給基準は、就業規則や賃金給与規程に基づき行わなければなりません。役員等のみに高額に支給されている場合には、特別の利益供与に当たります。

71　国税局による実地調査の留意点②

Q 調査において、規程類についても確認されると聞いておりますが、どのようなものが確認されるのでしょうか。

ポイント

◆実地調査は、規程に整合した運営を行っているかどうかという視点から次のような項目についても調査が行われる。
　① 就業規則、給与規程に基づいて給与、手当等が支給されているか
　② 旅費規程に基づいて出張費や日当等が支払われているか
　③ 役職員に対し福利厚生を行う場合に、利用規程を整備し、全職員に周知されているか

A 特定医療法人の承認を受けるための実地調査は、規程に整合した運営を行っているかどうかという視点からも調査が行われますので、事前に運営実態に合った規程を整備しておく必要があります。

(1) 就業規則、給与規程

給与、手当等の支給基準は、就業規則や給与規程に基づいたものでなければなりません。特に手当については、宿日直手当、夜間勤務手当や管理職手当等、数多くの手当があるケースでは、同じ手当であっても職員によって異なる金額の支給をしていることがありますので、運営実態と合った規程を整備しておく必要があります。

また、医師については、給与を年俸制で支給しているケースも多く、就業規則、給与規程に基づいていないことがありますが、その場合であっても、支給基準や支給額の決定方法を整理しておく必要があります。

（2） 旅費規程

　医師、看護師等は研修や学会が多く、旅費や出張費を法人が負担するケースも多く見受けられます。その場合には、法人が負担する旅費や出張費の範囲を明確にし、特定の者だけでなく、全員が利用できるような規程を整備する必要があります。さらに、出張の行程表や出張復命書等の整理をしておくことが望ましいです。

　また、タクシーチケットを利用している場合には、使用状況がわかるように整理しておくことが望ましいです。

（3） 福利厚生規程

①　慶弔金

　法人が、役職員及び役職員の家族に慶弔があった時に、慶弔金及び見舞金を支払う場合に、役員等だけ支給対象とする事由が多い場合や支給金額が多い場合には、特別の利益供与に当たります。

　したがって、支給対象となる役職員、支給対象とする事由及び支給金額について、規定し周知徹底する必要があります。

②　ゴルフ会員権やリゾート会員権

　法人が、福利厚生の一環として、ゴルフ会員権やリゾート会員権などを有していることは問題ありません。しかし、そのような資産を有していることを役員等しか知らず、役員等のみが使用している場合には、特別の利益供与に当たります。

　したがって、福利厚生としての利用規程を整備し、全職員が利用できるよう周知徹底する必要があります。利用規程及び利用実績表等の整備が必要になります。

③ 役職員に対する金銭の貸付行為

　住宅取得や資格取得等合理的な理由のために貸付けをすることは特別の利益供与に当たりません。ただし、その貸付行為については、福利厚生規程として整備し、全職員が利用できるよう周知徹底する必要があります。

　また、福利厚生規程に基づかない貸付けを行う場合には、社員総会・理事会・評議員会などで承認を得る必要があります。貸付けを行う際には、回収計画を立て、適正な利息を収受しなければなりません。しかし、役員等に対し福利厚生規程に基づかない貸付けを行うことは、社員総会等で承認を得たとしても役員等の地位に基づき貸付けを行ったとして、特別の利益供与に当たるおそれがあります。

72 国税局による実地調査の留意点③

Q MS法人との取引について教えて下さい。

ポイント
- ◆ MS法人と取引を行っているからといって、特定医療法人の承認が受けられないということはない。
- ◆ しかしながら、MS法人との取引価額は、第三者と取引する場合の取引価額に準拠したものでなければならない。

A （1） MS法人との取引

MS法人との取引は、実地調査の際に重要視されます。

それは、MS法人との取引を通じて、役員等の関係者に特別の利益供与が行われている可能性があるためです。MS法人との取引の具体的な例としては、次に掲げるような取引が挙げられます。

① MS法人が病医院の不動産を所有し、医療法人に貸し付けることで家賃や地代のやり取りを行っている。
② MS法人を通じて、診療材料や消耗品などを仕入れている。
③ MS法人に医事業務、院内清掃業務、給食業務などを委託している。

（2） 特定医療法人の承認に際して

MS法人取引を行っているからといって、特定医療法人の承認を受けられないということはありません。

しかしながら、次に掲げる点に留意が必要です。

① **業務の実態があること**

MS法人に委託等している業務の実態があることが必要です。

医療法人とMS法人との間で契約書を締結していることはもちろん、医療法人にとって、当該業務を委託する合理的な理由が存在するかどうかが問われます。

② **取引価額に合理性があること**

医療法人がMS法人に対して支払う取引価額が、不相当に高額である場合、例えば、近隣相場に比べて明らかに高額な家賃の支払を行っている場合には、適正な取引価額への是正が必要です。

MS法人取引で重要なことは、あくまでも、第三者と取引する場合の取引価額に準拠した取引価額で取引するということです。合理的な理由がないにもかかわらず、MS法人に対して不相当に高額な支払を行っている場合には、特別の利益供与が行われているものと認定され、承認を受けることはできません。

③ **貸付金については解消すること**

医療法人は、医療法により原則医業以外のことを行ってはいけません。したがって、医療法人がMS法人に対して貸付けを行っている場合には、貸付業を行っていることになり医療法に抵触するため貸付金の一括返済等により貸付金を解消しなければなりません。

(3) MS法人との取引の見直し

MS法人との取引に関しては、承認を受けた後も定期提出書類(Q76参照)などにより継続的なチェックの対象になります。

特定医療法人の承認が取り消されるリスクを軽減するために、承認に際してMS法人取引全体を見直し、必要に応じてMS法人との取引を解消していくことを検討することが大切であるといえます。

73 特定医療法人の税務（優遇税制）

Q 特定医療法人の承認を受けた場合に受けられる優遇税制について教えて下さい。

- ◆特定医療法人の承認を受けた場合には、法人税率が一律19％となる。
- ◆平成24年4月1日から平成27年3月31日の間に開始する事業年度については、年800万円以下の所得部分については15％、年800万円を超える所得部分については19％の税率が適用される。
- ◆法人税が軽減されることに伴って法人住民税も連動して減少する。

A （1） 法人税の軽減措置

① 軽減税率の適用

特定医療法人の承認を受けた場合には、その承認を受けた後に終了する事業年度については、一律19％の税率により法人税が課税されます。

ただし、平成24年4月1日から平成27年3月31日の間に開始する事業年度(注1)については、年800万円以下の所得部分については15％、年800万円を超える所得部分については19％の税率が適用されます。

【特定医療法人の税率表】

所得	平成24年4月1日～平成27年3月31日の間に開始する事業年度(注1)	各事業年度
年800万円以下	15％	19％
年800万円超	19％	

（注1） 平成27年度税制改正により2年延長予定となっています。
（注2） 平成24年4月1日から平成26年3月31日までに開始する事業年度は、これに加えて法人税額の10％が復興増税として課税されます。

② 軽減効果

法人税の税率が軽減されることにより、法人税を課税標準とする法人住民税の額も必然的に軽減されることになります。

所得金額が1億円の場合、特定医療法人の承認を受けることによる法人税及び法人住民税の軽減額は次の通りです。

【軽減効果額】

所得金額が1億円の場合

〈前提条件〉

資本金1億円以下　　法人税率　19％（所得800万円以下　15％）

法人県民税率5％　　法人市民税率12.3％

※平成26年4月1日から平成27年3月31日までの事業年度
※法人県民税及び法人市民税は、標準税率を使用しています。

	一般医療法人	特定医療法人	軽減額
法人税額	24,660千円	18,680千円	5,980千円
法人県民税（法人税割額）	1,233千円	934千円	299千円
法人住民税額（法人税割額）	3,033千円	2,297千円	736千円
合計	28,926千円	21,911千円	7,015千円

また、法人税住民税均等割額についても出資がないことから資本等を有しない法人として各都道府県・市区町村で定める最低金額が適用されます。

(2) 固定資産税等の非課税措置

特定医療法人が所有する看護師、准看護師、歯科衛生士その他政令で定める医療関係者の養成所において直接教育に供する固定資産については、固定資産税及び不動産取得税が非課税となります。

国定資産税及び不動産取得税の非課税の適用を受けるためには、それぞれ非課税の申告書を提出する必要があります。

第6章　医療法人から特定医療法人への移行

74　特定医療法人の税務（移行に伴う税務）

Q 特定医療法人の承認を受けた場合の医療法人や出資者に対する課税関係について教えて下さい。

ポイント
◆特定医療法人の承認を受けた場合、医療法人に対して課税は生じない。
◆特定医療法人の承認を受けるために出資者が持分の放棄をした場合において、その出資者及び医療法人に対して課税は生じない。

A　特定医療法人へ移行した場合、その移行については、法人税・所得税・贈与税の課税は生じません。これは、昭和39年12月28日に大蔵省・厚生省（いずれも当時）・国税庁の三者により交わされた覚書が根拠となっています。

　その覚書では、持分の定めのある社団医療法人から持分の定めのない医療法人への組織の変更については、通常清算の手続、すなわち清算所得を課税すべきであるが、組織変更後の医療法人が租税特別措置法第40条（国等に対して財産を寄附した場合の譲渡所得等の非課税）及び租税特別措置法第67条の2（特定医療法人）の承認を受ける各要件を満たしている場合に限り、定款の変更の方法によることを認めるとし、その定款の変更により組織の変更がされた場合には、法人税、所得税及び贈与税は課税しないとされています。

75 特定医療法人の税務（移行後の税務）

Q 特定医療法人の移行後の税務について教えて下さい。

ポイント
◆特定医療法人は、法人税率が一律19％となる。
◆特定医療法人は、出資金の額を有しない法人になるため、法人税の計算上、交際費の損金不算入限度額、寄附金の損金不算入限度額が変わる。
◆法人住民税の均等割の税率は、最低税率が適用される。

A （1） 法人税の軽減税率の適用

　特定医療法人の承認を受けた場合には、その承認を受けた後に終了する事業年度については、一律19％の税率により法人税が課税されます。
　ただし、平成24年4月1日から平成27年3月31日の間に開始する事業年度(注1)については、年800万円以下の所得部分については15％、年800万円を超える所得部分については19％の税率が適用されます。

【特定医療法人の税率表】

所得	平成24年4月1日～平成27年3月31日の間に開始する事業年度(注1)	各事業年度
年800万円以下	15％	19％
年800万円超	19％	

（注1）　平成27年度税制改正により2年延長予定となっています。
（注2）　平成24年4月1日から平成26年3月31日までに開始する事業年度は、これに加えて法人税額の10％が復興増税として課税されます。

（2） 交際費の損金算入限度額

特定医療法人は、次の算式により計算した金額を期末出資金の額に準ずる額として交際費の損金不算入額を計算します（Q14参照）。

【出資金の額に準ずる額】

> （期末総資産額－期末総負債額－当期利益の額※）×60/100
>   ※貸借対照表に当期の欠損金額が計上されている場合には、
> （期末総資産額－期末総負債額＋当期欠損金の額）×60/100で計算する

（3） 寄附金の損金算入限度額

寄附金の損金算入限度額は、次の算式により計算します。

【寄附金の損金算入限度額】

> 当該事業年度の所得の金額×1.25/100

（4） 法人住民税の均等割

特定医療法人は、均等割の税率は、最低金額が適用されます。

76　特定医療法人承認後の手続

Q　特定医療法人の場合は、決算が終了するたびに国税庁長官に提出する書類があると聞きました。具体的な手続等について教えて下さい。

ポイント

◆特定医療法人は、承認を受けた以後の各事業年度終了の日の翌日から3ヶ月以内に、継続して特定医療法人の要件を充足している旨を説明する書類（定期提出書類）を提出する必要がある。

A　特定医療法人の場合は、特定医療法人の承認を受けた以後の各事業年度終了の日の翌日から3ヶ月以内に、特定医療法人としての要件を充足している旨を説明する書類を提出する必要があります。この書類のことを「定期提出書類」といいます。

　定期提出書類の提出は、特定医療法人が、その承認後も引き続き要件を満たしているかどうかを確認するための手続です。

（1）　提出書類

提出すべき書類は以下の通りです。

---

① 特定医療法人の定期提出書類
② 対象事業年度に係る厚生労働大臣の定める基準を満たす旨の証明書
③ 承認要件を満たす旨を説明する書類
④ 申請者の理事、監事及び評議員等に関する明細表
⑤ 申請者の経理等に関する明細表
⑥ その他承認要件を満たす旨を説明する書類

第 6 章　医療法人から特定医療法人への移行

（２）　厚生労働大臣の定める基準を満たす旨の証明書

　この証明書は、特定医療法人の承認申請時に提出するものと同じものです。
　この発行手続に際しては、都道府県知事による施設要件を満たしていることの証明書の添付が必要とされますので、決算終了後速やかに都道府県に対し施設要件を満たしていることの証明書の申請を行います。そして、その証明書を添付して、地方厚生局に厚生労働大臣の定める基準を満たす旨の証明書発行の申請を行います。

（３）　提出期限

　特定医療法人の定期提出書類は、各事業年度終了の日の翌日から 3 ヶ月以内に納税地の所轄税務署長を通じて、国税庁長官に提出します。
　なお、提出期限を過ぎた場合には、特定医療法人の承認取消しになる場合があるので、注意が必要です。

（４）　調査による取消し

　特定医療法人の定期提出書類に基づいて引き続き特定医療法人の承認要件を満たしているかどうかのチェックが行われます。
　その結果、特定医療法人の承認要件が満たされていないとされた場合には、その事由が生じた時まで遡って取り消されることになります。つまり、その満たさないこととなったと認められる時以後に終了した各事業年度の法人税については、通常の税率により課税されます。

【特定医療法人の定期提出書類の提出書】

特定医療法人の定期提出書類の提出書

税務署受付印 平成　年　月　日　　税務署長経由　　国税庁長官　殿	納税地	〒　　　　　　　　　　　　整理番号 　　　　　　電話（　）　－
	（フリガナ） 医療法人の名称	
	（フリガナ） 代表者の氏名	㊞

租税特別措置法施行令第39条の25第5項及び同法施行規則第22条の15第2項の規定に基づき、以下の書類を提出します。

対象事業年度	平成　年　月　日～平成　年　月　日	
提 出 書 類	①	対象事業年度に係る厚生労働大臣の定める基準を満たす旨の証明書
	②	承認要件を満たす旨を説明する書類
	③	申請者の理事、監事及び評議員等に関する明細表（書類付表1）
	④	申請者の経理等に関する明細表（書類付表2）
	⑤	その他承認要件を満たす旨を説明する書類

〔注意事項〕
・この提出書は、特定医療法人として国税庁長官の承認を受けた医療法人が、各事業年度終了の日の翌日から3月以内に、租税特別措置法施行令第39条の25第5項及び同法施行規則第22条の15第2項に定める証明書及び書類（定期提出書類）を提出する際に使用します。
・上記③の「申請者の理事、監事及び評議員等に関する明細表（書類付表1）」及び④の「申請者の経理等に関する明細表（書類付表2）」については、提出時の内容を記載してください。
　なお、上記②の「承認要件を満たす旨を説明する書類」の「3法令違反（令39条の25①五）」欄については、記載する必要はありません。
・提出書及び上記の提出書類は、正本及び副本2通を納税地の所轄税務署に提出してください。

税理士署名押印					㊞
税 務 署 処 理 欄	部門	入力	整理簿	備考	

第6章 医療法人から特定医療法人への移行

77 特定医療法人が社会医療法人の認定を受けた場合

Q 特定医療法人が社会医療法人の認定を受けた場合には、税務上どのような手続が必要とされますか。

ポイント
◆社会医療法人の認定を受けた日の前後でみなし事業年度が設定される。
◆認定を受けた日の前日までの期間は特定医療法人であることから、法人税の軽減税率の適用を受けることができる。しかし、社会医療法人の認定を受けた日から3ヶ月以内に定期提出書類を提出しない場合には、法人税の軽減税率の適用を受けることができなくなるため注意する必要がある。
◆認定を受けた日以後は、特定医療法人ではないことから、特定医療法人の法人税率の特例の適用の取りやめの届出書を提出しなければならない。

A 特定医療法人が社会医療法人の認定を受けた場合には、一定の手続が必要とされます。

(1) みなし事業年度

事業年度の中途において、社会医療法人の認定を受けた場合には、事業年度開始の日から認定を受けた日の前日まで及び認定の日から事業年度終了の日までのみなし事業年度が設定されます。

なお、みなし事業年度が設定されることに伴い留意すべき事項はQ48を参照して下さい。

(2) 定期提出書類の提出

社会医療法人の認定を受けた場合には、事業年度開始の日から認定を受け

た日の前日までの期間について特定医療法人として法人税の軽減税率の適用が受けられます。しかし、特定医療法人の承認要件を満たす旨を説明する書類（定期提出書類）を認定を受けた日から3ヶ月以内に、国税庁長官に提出しない場合には、特定医療法人であった期間について法人税の軽減税率の適用を受けることができなくなるため注意が必要です。

(3) 特定医療法人の取りやめ

社会医療法人の認定を受けた日からは、特定医療法人ではありませんので、特定医療法人の法人税率の特例の適用の取りやめの届出書を社会医療法人の認定を受けた日以後速やかに国税庁長官に提出しなければなりません。

78　特定医療法人の承認取消し・取りやめ時の課税関係

Q 特定医療法人の承認の取消しを受けた場合及び自ら取りやめる旨の届出書を提出した場合の課税について教えて下さい。

ポイント
◆承認の取消しを受けた場合には、取消し事由が生じた時まで遡って承認が取り消されるため、取消し事由が生じた時からの軽減税額分を納める必要がある。
◆取りやめる旨の届出書を提出した場合には、それを提出した日の属する事業年度から軽減税率の適用がない。

A　(1)　承認の取消しを受けた場合

　承認の取消しを受けた場合には、取消し事由が生じた時まで遡って承認が取り消され、その取消し事由が生じた時以後に終了する事業年度については、軽減税率の適用はありません。したがって、取消し事由が生じた日の属する事業年度以後に受けた軽減税額分を納めなければなりません。

(2)　取りやめる旨の届出書を提出した場合

　取りやめる旨の届出書を提出した場合には、その提出した日以後に終了する事業年度については、軽減税率の適用がありません。

【取りやめの届出書】

特定医療法人の法人税率の特例の適用の取りやめの届出書

			整理番号	
税務署受付印 平成　年　月　日	納税地	〒　　　　　電話（　）　－		
	（フリガナ）			
	医療法人の名称			
税務署長経由 国税庁長官　殿	（フリガナ）			
	代表者の氏名			㊞

特定医療法人の法人税率の特例の適用をやめますので、租税特別措置法施行令第39条の25第6項の規定に基づき届け出ます。

1	特定医療法人としての承認を受けた日	年　月　日
2	特定医療法人の法人税率の特例の適用をやめようとする理由	
3	その他参考となるべき事項	

〔注意事項〕
・届出書は、正本及び副本2通を納税地の所轄税務署に提出してください。
・この届出書を提出すると、提出の日以後に終了する各事業年度の所得については、特定医療法人としての承認の効力を失います。

税理士署名押印		㊞

税務署処理欄	部門		入力		整理簿		備考	

第7章

納税猶予制度

79　納税猶予制度の概要

Q　平成26年度税制改正で創設された納税猶予制度について教えて下さい。

ポイント

◆納税猶予制度は「経過措置型医療法人」から「持分の定めのない医療法人」への移行を促進するために創設された制度である。

◆相続人が「経過措置型医療法人」の出資持分を相続した場合には、申告期限までに相続税を納付しなければならない。

◆一方、納税猶予制度を活用した場合には、移行期限まで納税が猶予されることになるため、移行過程での偶発的な相続税問題に取り組む期間を確保し、移行を円滑に進めることが可能となる。

A　（1）　納税猶予制度の概要

①　制度創設の背景

　現在、医療法人は約5万法人（平成26年3月時点厚生労働省調べ）存在し、医療法人の大半が「経過措置型医療法人」となっています。

　当該経過措置型医療法人の出資者に相続が発生した場合、医療法人の出資持分を引き継いだ相続人は多額の相続税を支払うことになり、医療法人制度の趣旨である医療機関経営の永続性を脅かす事態に繋がっています。

　上記課題の解決策として第5次医療法改正において、「持分の定めのない医療法人」が原則的な医療法人と位置付けられました。しかしながら、経過措置型医療法人から持分の定めのない医療法人への移行は一部の医療法人にとどまっています。

　そのため、持分の定めのない医療法人への移行を促進するために、第6次医療法改正により「認定医療法人制度」が、平成26年度税制改正により「医

業継続に係る相続税・贈与税の納税猶予制度」が創設されました。

②　認定制度

　認定制度とは、持分の定めのない医療法人への移行を意思決定した経過措置型医療法人が、移行に向けた取組等を記載した移行計画を厚生労働大臣に提出し、当該移行計画につき、厚生労働大臣から認定を受ける制度をいいます。

　この移行計画について認定を受けた経過措置型医療法人を、「認定医療法人」といいます。

③　相続税の納税猶予制度

　相続人が「経過措置型医療法人」の出資持分を相続又は遺贈により取得した場合において、その医療法人が相続税の申告期限において「認定医療法人」であるときは、担保の提供を条件に、その出資持分に係る相続税を、認定移行計画に記載された移行期限（以下「移行期限」という）まで猶予する制度が創設されました。

　さらに、移行期限までにその相続人が出資持分のすべてを放棄した場合には、猶予されている相続税額は免除されます。

④　贈与税の納税猶予制度

　「経過措置型医療法人」の出資者が出資持分を放棄したことにより、他の出資者の出資持分の価値が増加した場合には、その価値移転部分に対して、他の出資者に贈与税が課税されます。

　しかし、医療法人が「認定医療法人」であるときは、担保の提供を条件に、出資持分の放棄に伴う価値移転に係る贈与税を、移行期限まで猶予する制度が創設されました。

　さらに、移行期限までに、他の出資者が出資持分のすべてを放棄した場合には、猶予されている贈与税額は免除されます。

【納税猶予制度の概要】

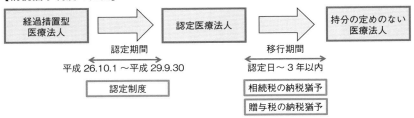

(2) 納税猶予制度の効果

① 納税猶予制度を活用しない場合

「経過措置型医療法人」から「持分の定めのない医療法人」への移行に向けた調整を行っている中で、出資者に相続が発生してしまうと、たとえ出資者である被相続人が持分放棄を予定していた場合であっても、持分放棄は実行されていないため、その相続人は当該出資持分にかかる相続税の支払が必要となります。

そのような事態が生じた場合には、移行の達成が困難になり、医療機関経営の永続性を脅かす事態に繋がってしまいます。

② 納税猶予制度を活用した場合

「持分の定めのない医療法人」への移行は、重要な経営判断であり十分な議論を重ねて、意思決定すべきです。そのため、どの医療法人形態に移行するかを問わず、検討や関係者の調整に時間がかかるケースがほとんどであり、いわゆる相続税問題（出資持分問題）からなかなか解放されません。

納税猶予制度を活用すると、移行期限（認定日より3年以内の期限）までの猶予期間中は、納税猶予制度の適用を受けることができるため、相続税問題（出資持分問題）に取り組む期間を確保し、移行を円滑に進めることが可能となります。

第 7 章　納税猶予制度

【納税猶予制度の効果】

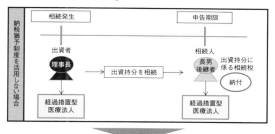

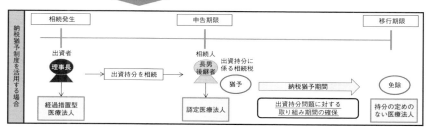

80　納税猶予制度活用に伴う課税関係の整理

Q 納税猶予制度を活用した場合の、相続人及び医療法人の課税関係について教えて下さい。

ポイント
◆納税猶予制度を活用する場合、最終的には「相続人」が負うべき相続税額は免除される。
◆「経過措置型医療法人」が「持分の定めのない医療法人」へ移行した場合の課税関係は、納税猶予制度活用の有無に関わらず従前と同様である。
◆つまり、納税猶予制度を活用する場合には、「相続人」の課税関係だけにとどまらず、「医療法人」に対する課税関係にも留意する必要がある。

A　(1)　相続人の課税関係

納税猶予制度は、出資者に相続が発生した場合に、「持分の定めのない医療法人」への移行を前提に、出資持分を相続した相続人が納付すべき相続税を移行期限（認定日から3年以内）まで猶予する制度になります。

さらに、移行期限までにその相続人が出資持分のすべてを放棄した場合には、猶予されている相続税額を最終的には免除する制度になります。

従って、「持分の定めのない医療法人」への移行を前向きに検討している医療法人の出資者にとっては活用価値のある制度といえます。

(2)　医療法人の課税関係

一方、「経過措置型医療法人」から「持分の定めのない医療法人」へ移行した場合の医療法人側の課税の取り扱いについては何も変わっていません。つまり拠出型医療法人（基金型含む）に移行した場合、原則医療法人に対し

第7章　納税猶予制度

て贈与税課税が生じることになります（Q8参照）。

　すなわち、納税猶予制度は出資者の出資持分問題によっておこる相続税問題に対応する優遇税制であって、医療法人に対する優遇税制ではないことに留意が必要です。

【納税猶予制度活用に伴う個人課税・医療法人課税の整理】

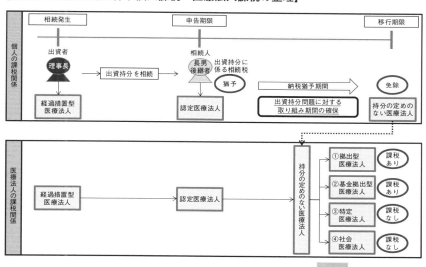

	持分の定めのない医療法人への移行			
	①拠出型医療法人	②基金拠出型医療法人	③特定医療法人	④社会医療法人
納税猶予の適用を受けた相続人の課税関係	納税猶予税額を免除	・納税猶予税額のうち、基金として拠出した額に相当する部分は納付 ・基金拠出額のうち、当初出資金を超える部分はみなし配当課税（Q12参照）	納税猶予税額を免除	納税猶予税額を免除
医療法人の課税関係	原則贈与税課税 ただし、一定要件を充足した場合には課税なし（Q9参照）	出資持分のうち放棄した部分（基金拠出以外）に対して贈与税課税 ただし、一定要件を充足した場合には課税なし（Q12参照）	課税なし	課税なし

215

（3） 課税関係のフローチャート

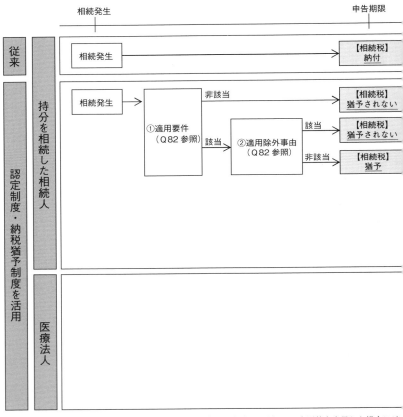

※1 残存出資者には、価値移転部分に贈与税が課税されます。ただし、一定要件を充足した場合には、贈与税の納税猶予の適用を受けられます（Q83参照）。
※2 相続人が持分の一部を基金として拠出した場合には、納税猶予額のうち、基金として拠出した額に相当する部分は免除されません。また、基金拠出額のうち、当初出資金を超える部分には、みなし配当課税が生じます（Q12参照）。

第 7 章　納税猶予制度

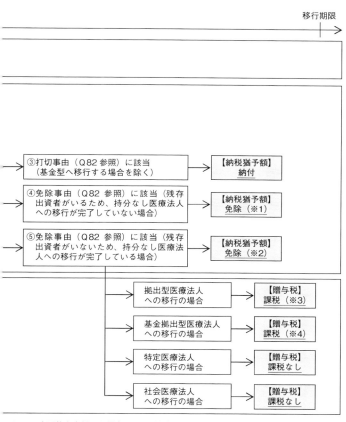

※3　一定要件を充足した場合には、贈与税は課税されません（Q9参照）。
※4　出資持分のうち放棄した部分（基金拠出以外）に対して贈与税課税が生じます。
　　ただし、一定要件を充足した場合には、贈与税課税は生じません（Q12参照）。

81 認定制度の概要

Q 納税猶予の適用を受けるための要件である「認定制度」について教えて下さい。

ポイント
①認定制度とは、持分の定めのない医療法人へ移行しようとする経過措置型医療法人が作成した移行計画につき、厚生労働大臣の認定を受ける制度である。
②移行計画には、移行先の法人類型、移行に向けた取組内容や検討体制、移行期限等を記載する必要がある。
③移行計画の認定は、平成26年10月1日から平成29年9月30日までの期間に限り受けることができる。

A (1) 移行計画の認定手続き

① 手続きの流れ

移行計画の認定に関する手続きは、次の図のように行われます。

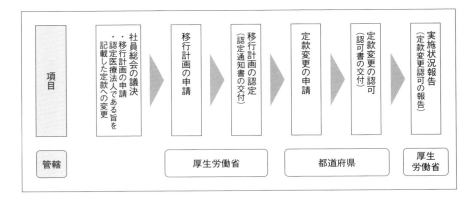

② 社員総会の議決

移行計画の申請に関する手続きを開始するにあたっては、まず社員総会において、次の事項について、議決を得る必要があります。

【決議事項】

> (イ) 移行計画の申請について
> (ロ) 移行計画の認定を受けた認定医療法人である旨を記載した定款への変更について

③ 移行計画の申請

移行計画の認定を受けようとする経過措置型医療法人は、下記の事項を記載した移行計画を作成し、一定の書類を添付して厚生労働大臣に提出します。

【移行計画に記載する事項】

> (イ) 移行法人類型見込
>   （社会医療法人、特定医療法人、基金拠出型医療法人、左記以外の医療法人）
> (ロ) 移行に向けた取組内容
> (ハ) 移行に向けた検討の体制
> (ニ) 出資持分の放棄又は払戻の見込み
> (ホ) 移行の期限（認定日から3年以内）
> (ヘ) 融資制度利用の見込み
> (ト) 合併の見込み
>   （合併の方式、吸収合併の場合の法人の状況、合併の相手方、合併の時期）

【添付書類】

(イ)　出資者名簿
(ロ)　定款案（認定医療法人である旨を記載したもの）及び新旧対照表
(ハ)　社員総会議事録
(ニ)　直近3会計年度の貸借対照表及び損益計算書

④　移行計画の認定

　厚生労働大臣は、移行計画書の提出があった場合には、当該移行計画が次のいずれの要件にも適合するものであると認めるときは、その移行計画を認定し、申請者に対し認定通知書を交付します。

　なお、認定の期間は平成26年10月1日から平成29年9月30日までとなります。

【要件】

(イ)　移行計画が医療法人の社員総会において議決されたものであること
(ロ)　移行計画が持分の定めのない医療法人への移行をするために有効かつ適切なものであること
(ハ)　移行計画に記載された移行期限が、認定日から起算して3年を超えないものであること

⑤　定款変更の申請

　移行計画の認定を受け、認定通知書を受理した医療法人は、次の書類を添付して、都道府県知事あてに定款変更の申請を行います。

【添付書類】

(イ)　定款案（認定医療法人である旨を記載したもの）及び新旧対照表
(ロ)　社員総会議事録
(ハ)　移行計画の認定通知書の写し

【定款記載事項】

> 　　　　　第○章　持分の定めのない医療法人への移行
> 第○条　本社団は、移行計画の認定を受けた認定医療法人である。
> 2　租税特別措置法に基づく相続税・贈与税の納税猶予を受けていた社員（本社団の出資持分を当該納税猶予等に係る担保として提供している者に限る。）について、納税猶予分の税額の猶予期限が確定し、納付義務が生じたにも関わらず、これを履行しなかった場合、第△条の規定（※）に関わらず、本社団は担保権者の払戻し請求に応じるものとする。

※第△条の規定は、出資持分の払戻し請求に関する条項を指します。

⑥　実施状況報告

⑤の定款変更について、都道府県知事の認可を受けた場合には、3ヶ月以内に、次の書類を添付した実施状況報告書を厚生労働大臣に提出する必要があります。

【添付書類】

> (イ)　定款及び新旧対照表
> (ロ)　定款変更の認可書の写し

（2）　認定後の報告義務

認定医療法人は、次の事由が生じた場合には、3ヶ月以内に、認定移行計画の実施状況を、厚生労働大臣に報告しなければなりません。

【報告事由】

① 認定医療法人である旨を記載した定款変更について、都道府県知事の認可を受けた場合（(1)⑥の実施状況報告）
② 認定を受けてから２年間、認定を受けた日から１年を経過するごと
③ 放棄、払戻、譲渡、相続、贈与などにより、出資持分の処分が生じた場合
④ 持分なし医療法人への定款変更について、都道府県知事の認可を受けた場合

（３）　認定後における移行計画の変更等

認定医療法人が、以下の理由により、移行計画の内容を変更しようとするときは、移行計画の変更認定を受けなければなりません。

【変更事由】

① 移行期間中に認定医療法人が他の持分あり医療法人と合併し、持分あり医療法人として存続法人となった場合
② 移行計画の認定時には融資制度の利用見込みを「無」としていたものの、融資制度の利用見込みが生じた場合

（４）　認定の取消

認定医療法人が下記の事由に該当する場合には、その認定は取り消されます。

第7章　納税猶予制度

【認定取消事由】

① 持分なし医療法人への移行に向けた取組を行っていない場合
② 移行計画の認定を受けた日から3ヶ月以内に、定款変更の認可を受けなかった場合
③ 認定医療法人が合併以外の理由により解散した場合
④ 認定医療法人が他の医療法人と合併し、消滅した場合
⑤ 移行計画が偽りその他の不正行為により作成されたことが判明した場合
⑥ 認定医療法人が、移行計画の変更について、厚生労働大臣の認定を受けなかった場合
⑦ 移行計画の実施状況について、厚生労働大臣に報告しなかった場合、または虚偽の報告をした場合
⑧ 移行計画に記載された移行期限までに持分の定めのない医療法人へ移行しなかった場合

【認定手続の一般的な流れ】

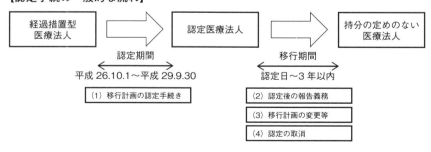

82　相続税の納税猶予等

Q 相続税の納税猶予及び免除、税額控除の概要について教えて下さい。

ポイント

◆相続税の納税猶予制度は、経過措置型医療法人の出資持分を相続又は遺贈により取得した相続人について、一定の要件に該当する場合に、その出資持分に係る相続税の納税が猶予される制度である。

◆納税猶予の適用を受けるためには、相続税の申告期限までに認定医療法人に該当し、かつ納税猶予額相当の担保を提供する必要がある。

◆相続税の申告期限までに、適用除外事由に該当した場合には、納税猶予の適用を受けることができない。

◆猶予期間中に打切事由に該当した場合には、一定の納税猶予額と利子税を併せて納付しなければならない。

◆猶予期間中に免除事由に該当した場合には、一定の納税猶予額は免除される。

◆認定医療法人等の出資持分を相続又は遺贈により取得した相続人が、相続税の申告期限までに出資持分について一定の放棄をした場合には、相続税の税額控除の適用を受けることができる。

A　（1）　相続税の納税猶予制度

相続人が経過措置型医療法人の出資持分を相続又は遺贈により取得した場合において、その医療法人が相続税の申告期限において認定医療法人であるときは、担保の提供を条件に、その出資持分に係る相続税が認定移行計画に記載された移行期限まで猶予されます。

① 適用要件

相続税の納税猶予の適用を受ける場合には下記要件を満たす必要があります。
- 相続税の申告期限において医療法人が認定医療法人であること
- 相続税の申告期限までに納税猶予額に相当する担保を提供すること

② 担保提供

提供する担保の種類は、以下のものが認められています。
⑴　国債および地方債
⑵　株式および社債で證券取引所に上場されているもの、または投資信託もしくは貸付信託の受益証券（記名式を除く）などで税務署長等が確実と認めるもの
⑶　土地
⑷　建物、立木、船舶並びに飛行機および自動車（登録済みのもの）等で保険に附したもの
⑸　工場財団、鉱業財団等
⑹　税務署長等が確実と認める保証人の保証
⑺　金銭
⑻　納税猶予の適用に係る認定医療法人の出資持分

③ 納税猶予が受けられない場合（適用除外）

相続開始の時から相続税の申告期限までの間に、相続人が、相続又は遺贈により取得した経過措置型医療法人の出資持分について下記の事由に該当した場合には、納税猶予の適用を受けることはできません。

【適用除外事由】
- 経過措置型医療法人の出資持分の払戻を受けた場合
- 経過措置型医療法人の出資持分を譲渡した場合
- 認定医療法人の出資持分について相続税の税額控除の規定を適用する場合

- 相続税の申告期限までに経過措置型医療法人の出資持分の全部又は一部が分割されていない場合（分割済みの出資持分は適用可）

④ 納税猶予額が納付となる場合

猶予期間中に、納税猶予の適用を受けている相続人又は認定医療法人が、下記の事由（打切事由）に該当した場合には、納税猶予が打ち切られることになります。

打切事由に該当した場合には、当該事由に該当した日から2月を経過する日までに納税猶予額と利子税を併せて納付しなければなりません。

打切事由	納付する納税猶予額
相続人に関する事由	納税猶予額の全額
・出資持分の払戻を受けた場合 ・出資持分を譲渡した場合	
認定医療法人に関する事由	納税猶予額の全額
・持分の定めのない医療法人へ移行しなかった場合 ・認定医療法人の認定の取消しを受けた場合 ・認定医療法人が解散した場合 ・認定医療法人が合併により消滅した場合	
・基金拠出型医療法人に移行した場合 （納税猶予対象の持分相当額のうちに、基金として拠出した部分がない場合を除く）	納税猶予額のうち、基金として拠出した額に相当する部分

⑤ 納税猶予額が免除となる場合

猶予期間中に、納税猶予の適用を受けている相続人が下記の事由（免除事由）に該当した場合には、納税猶予額が免除されます。

免除事由	免除される納税猶予額
相続人が有する認定医療法人の出資持分を全て放棄した場合	納税猶予額の全額
相続人が有する認定医療法人の出資持分の一部を放棄し、残余部分を基金として拠出した場合	納税猶予額から基金として拠出した額に相当する部分を控除した残額

【相続税の納税猶予制度】

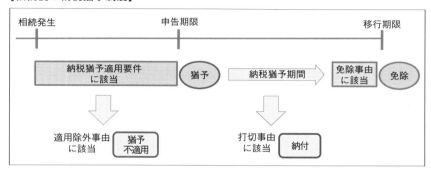

（2） 相続税の税額控除制度

認定医療法人（申告期限等までに認定医療法人となった経過措置型医療法人を含む）の出資持分を相続又は遺贈により取得した相続人が、相続税の申告期限までに出資持分について一定の放棄をした場合には、相続税額からその放棄相当相続税額（(1)⑤の免除される納税猶予額と同様の税額）を控除した残額をもって、納付すべき相続税額とします。

① 適用要件

相続税の税額控除の適用を受ける場合には、下記要件を満たす必要があります。

- 相続の開始時において医療法人が認定医療法人であること（相続税の申告期限又は認定期限のいずれか早い日までに認定医療法人である場合を含

む）

- 相続税の申告期限までに、相続人が有する認定医療法人の出資持分の全部又は一部を放棄（残余部分は基金として拠出）すること

② 税額控除が受けられない場合（適用除外）

相続開始の時から相続税の申告期限までの間に、相続人が、相続又は遺贈により取得した経過措置型医療法人の出資持分について下記の事由に該当した場合には、相続税の税額控除を適用することはできません。

【適用除外事由】
①経過措置型医療法人の出資持分の払戻を受けた場合
②経過措置型医療法人の出資持分を譲渡した場合

【相続税の税額控除】

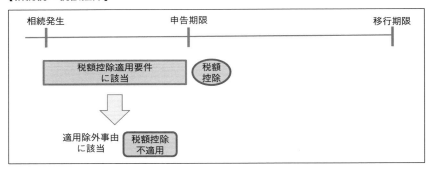

(3) 適用時期

上記(1)及び(2)の規定は、平成26年10月1日以後の相続又は遺贈に係る相続税について適用されます。

83　贈与税の納税猶予等

Q　贈与税の納税猶予及び免除、税額控除の概要について教えて下さい。

ポイント
- ◆贈与税の納税猶予制度は、出資者の出資持分放棄により価値移転を受けた他の出資者について、一定の要件に該当する場合に、その価値移転に係る贈与税の納税が猶予される制度である。
- ◆贈与税の申告期限までに、適用除外事由に該当した場合には、納税猶予の適用を受けることができない。
- ◆猶予期間中に打切事由に該当した場合には、一定の納税猶予額と利子税を併せて納付しなければならない。
- ◆猶予期間中に免除事由に該当した場合には、一定の納税猶予額は免除される。
- ◆認定医療法人の出資者の出資持分放棄により価値移転を受けた他の出資者が、贈与税の申告期限までに出資持分について一定の放棄をした場合には、贈与税の税額控除の適用を受けることができます。

A　**(1)　贈与税の納税猶予制度**

　経過措置型医療法人の出資者（以下贈与者）が出資持分を放棄したことにより、他の出資者（以下受贈者）の出資持分の価値が増加した場合には、その価値移転部分に対して、受贈者に贈与税が課税されます。
　しかし、医療法人が認定医療法人であるときは、担保の提供を条件に、出資持分の放棄に伴う価値移転に係る贈与税が、認定移行計画に記載された移行期限まで猶予されます。

① **適用要件**

贈与税の納税猶予の適用を受ける場合には下記要件を満たす必要があります。
- 贈与者の出資持分放棄時において医療法人が認定医療法人であること
- 贈与税の申告期限までに納税猶予額に相当する担保を提供すること

② **担保提供**

提供する担保の種類は、以下のものが認められています。

(イ) 国債および地方債
(ロ) 株式および社債で證券取引所に上場されているもの、または投資信託もしくは貸付信託の受益証券（記名式を除く）などで税務署長等が確実と認めるもの
(ハ) 土地
(ニ) 建物、立木、船舶並びに飛行機および自動車（登録済みのもの）等で保険に附したもの
(ホ) 工場財団、鉱業財団等
(ヘ) 税務署長等が確実と認める保証人の保証
(ト) 金銭
(チ) 納税猶予の適用に係る認定医療法人の出資持分

③ **納税猶予が受けられない場合（適用除外）**

贈与者による出資持分の放棄があった時から贈与税の申告期限までの間に、受贈者が、認定医療法人の出資持分について下記の事由に該当した場合には、納税猶予の適用を受けることはできません。

【適用除外事由】
- 認定医療法人の出資持分の払戻を受けた場合
- 認定医療法人の出資持分を譲渡した場合
- 認定医療法人の出資持分に係る価値移転部分について贈与税の税額控除

の規定を適用する場合

④ 納税猶予額が納付となる場合

猶予期間中に、納税猶予の適用を受けている受贈者又は認定医療法人が、下記の事由（打切事由）に該当した場合には、納税猶予が打ち切られることになります。

打切事由に該当した場合には、当該事由に該当した日から2月を経過する日までに納税猶予額と利子税を併せて納付しなければなりません。

打切事由	納付する納税猶予額
【受贈者に関する事由】 ・出資持分の払戻を受けた場合 ・出資持分を譲渡した場合	納税猶予額の全額
【認定医療法人に関する事由】 ・持分の定めのない医療法人へ移行しなかった場合 ・認定医療法人の認定の取り消しを受けた場合 ・認定医療法人が解散した場合 ・認定医療法人が合併により消滅した場合	納税猶予額の全額
・基金拠出型医療法人に移行した場合 （納税猶予対象の持分相当額のうちに、基金として拠出した部分がない場合を除く）	納税猶予額のうち、基金として拠出した額に相当する部分

⑤ 納税猶予額が免除となる場合

猶予期間中に、納税猶予の適用を受けている受贈者が下記の事由（免除事由）に該当した場合には、納税猶予額が免除されます。

免除事由	免除される納税猶予額
受贈者が有する認定医療法人の出資持分を全て放棄した場合	納税猶予額の全額
受贈者が有する認定医療法人の出資持分の一部を放棄し、残余部分を基金として拠出したとき	納税猶予額から、基金として拠出した額に相当する部分を控除した残額

【贈与税の納税猶予制度】

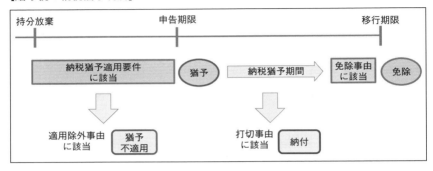

（2） 贈与税の税額控除制度

　贈与者が認定医療法人の出資持分を放棄したことにより、受贈者が価値移転を受ける場合に、受贈者が、贈与税の申告期限までに出資持分について一定の放棄をした場合には、贈与税額から放棄相当贈与税額（(1)⑤の免除される税額と同様の税額）を控除した残額をもって、納付すべき贈与税額とします。

① 適用要件

　贈与税の税額控除の適用を受ける場合には、下記要件を満たす必要があります。
- 贈与者による出資持分の放棄時に、医療法人が認定医療法人であること
- 贈与税の申告期限までに、受贈者が有する認定医療法人の出資持分の全部

又は一部を放棄（残余部分は基金として拠出）すること

② 税額控除が受けられない場合（適用除外）

贈与者による出資持分の放棄があった時から贈与税の申告期限までの間に、受贈者が、認定医療法人の出資持分について下記の事由に該当した場合には、贈与税の税額控除を適用することはできません。

【適用除外事由】
- 認定医療法人の出資持分の払戻を受けた場合
- 認定医療法人の出資持分を譲渡した場合

【贈与税の税額控除】

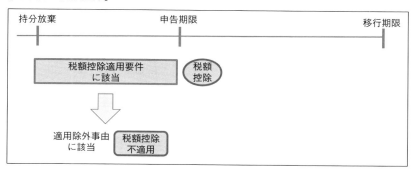

(3) 適用時期

上記(1)及び(2)の規定は、平成26年10月1日以後のみなし贈与に係る贈与税について適用されます。

第 8 章

個人医療機関から医療法人への組織変更

84　医療法人設立のメリット・デメリット①

Q 現在個人で病医院を経営しており、医療法人の設立を検討しています。医療法人を設立した場合の主なメリットについて教えて下さい。

ポイント

◆医療法人設立による主なメリット・デメリットを、税制面・制度面等から整理すると次の通りとなる。

	主なメリット	主なデメリット
税制面	(1) 所得分散による所得税軽減効果 (2) 給与所得控除による所得税軽減効果 (3) 医療法人契約の生命保険の活用が可能になる (4) 役員退職金制度の活用が可能になる (5) 社会保険診療報酬について源泉徴収されない (6) 欠損金の繰越控除制度 (7) 設立当初の消費税納税義務の免除（一定の場合）	(1) 個人の可処分所得の減少 (2) 交際費の損金不算入規定の適用 (3) 法人住民税均等割の負担発生
医療法人制度面		(4) 解散時の残余財産の帰属制限（社団医療法人） (5) 都道府県知事等への事業報告書等の届出が必要
その他		(6) 社会保険料負担の増加

第8章　個人医療機関から医療法人への組織変更

A　(1)　所得分散による所得税軽減効果

①　個人・法人の税制比較

個人で開設している病医院と法人で開設している病医院（医療法人）では、その所得に対して課される税金が異なります。個人（所得税・住民税）と法人（法人税・法人住民税）の税制を比較すると次のようになります。

	個人病医院	医療法人
課税される税金	所得税・住民税	法人税・法人住民税
納税義務者	院長先生	医療法人
税率の特徴	・超過累進税率 ・所得が高くなるほど税率が高くなる ・所得税・住民税合算で最高55.945％	・二段階比例税率 ・法人税等の税率は最高29.91％

（注1）　上記の比較は、平成27年以後の個人病医院と平成26年4月1日以後に開始する事業年度の医療法人を対象にしています。
（注2）　法人住民税は標準税率を適用しています。
（注3）　平成26年の個人病医院の所得税・住民税合算の最高税率は50.84％です。
　　　　平成24年4月1日から平成26年3月31日までに開始する各事業年度の法人税等の最高税率は32.46％です。
（注4）　平成25年から平成49年までの各年分の所得税について付加される復興特別所得税（所得税額×2.1％）を含みます。
（注5）　平成27年度税制改正により平成27年4月1日以後に開始する事業年度の法人税等の最高税率は28.03％に引き下げられる予定です。

②　個人・法人の税率比較

所得税・個人住民税（以下「所得税等」）と法人税・法人住民税（以下「法人税等」）を比較すると、課税所得が約400万円以上になると所得税等が法人税等よりも高くなります。

したがって、所得が高い場合には個人事業で所得税等を納付するより、法人成りをして法人税等を納付する方が、税金が少なくて済みます。

(図) 個人病医院と医療法人の税率比較

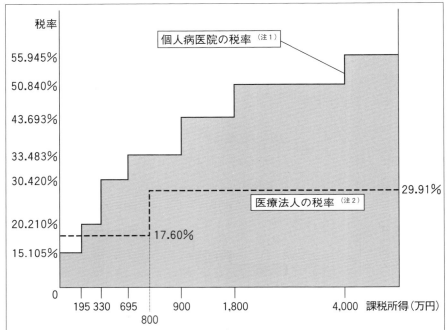

(注1) 個人病医院の税率：(平成27年以後)
- 所得税には復興特別所得税（所得税額×2.1％）を含みます。

(注2) 医療法人の税率：(平成26年4月1日以後に開始する事業年度)
- 法人住民税は、標準税率を適用しています。
- 平成29年3月31日までに開始する事業年度は、年800万円以下の金額に対する税率は17.60％（平成27年度税制改正により延長予定）。
- 平成27年4月1日以後に開始する事業年度は、年800万円超の金額に対する税率が29.91％から28.03％に引き下げられます（平成27年度税制改正により引き下げ予定）。

(2) 給与所得控除による所得税軽減効果

医療法人を設立した場合、医療法人から理事長に対して役員報酬が支払われます。それにより税制面において2つの効果がもたらされます。

効果	所得の分散効果	みなし経費効果
内容	病医院から生じた所得を法人と個人に分散させることができ、役員報酬を受け取る理事長は超過累進税率の低い税率（所得税・個人住民税合算で最低15.105％）からの適用となります。	理事長報酬については、受け取った理事長は給与所得として課税されますが、その際、みなし経費である給与所得控除の適用があり、所得がその分減少します。

（図）理事長報酬の効果のイメージ図

① 個人病医院…所得税等の課税

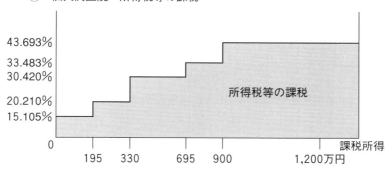

② 医療法人設立後（※理事長報酬を900万円とする）

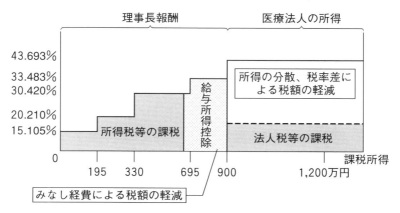

(3) 医療法人契約の生命保険の活用が可能になる

個人病医院の場合、生命保険の保険料を払っても、事業所得の必要経費にならず、所得控除が受けられるだけです。

これに対し、医療法人化することで、法人を契約者とした生命保険の保険料の全部又は一部を損金に算入することが可能となります。

(4) 役員退職金制度の活用が可能になる

個人病医院の場合、院長自身が経営主体であることから、院長への退職金という考え方はありません。

これに対し、医療法人化することで、院長（理事長）は、役員退職慰労金を受け取ることが可能となります。その際、適正額までの役員退職慰労金は支払った医療法人の損金となります。

(5) 社会保険診療報酬について源泉徴収されない

個人病医院の場合には、社会保険診療報酬について、所得税の前払いである源泉徴収が行われますが、医療法人の場合には、源泉徴収されません。その結果、月々の資金繰りが改善される効果が見込めます。

(6) 欠損金の繰越控除制度

個人病医院の場合、一定の要件を満たせば、病医院の事業で生じた損失を他の所得と損益通算しても控除しきれない損失については、3年間繰り越すことができます。

一方、医療法人の場合、一定の要件を満たせば、その事業年度に生じた欠損金額は9年間[注]繰り越すことができます。

（注） 平成20年3月31日以前に終了した事業年度において生じた欠損金額については7年間。

（7） 消費税納税義務の免除

　個人病医院が医療法人を設立した場合、その設立した医療法人は、第１期及び第２期の基準期間（その事業年度の前々事業年度をいいます）における課税売上高がないため、消費税が免除される免税事業者となります。

　ただし、基準期間が存在しない場合であっても特定期間（原則として、その事業年度の前事業年度開始の日以後６ヶ月の期間をいいます）の課税売上高（又は特定期間の給与等の額）により免税事業者の判定を行います。

85　医療法人設立のメリット・デメリット②

Q 現在個人で病医院を経営しており、医療法人の設立を検討しています。医療法人を設立した場合の主なデメリットについて教えて下さい。

ポイント
◆医療法人設立による主なメリット・デメリットを、税制面・制度面等から整理すると、Q84の通りとなる。

A　（1）　個人の可処分所得の減少

医療法人を設立することで個人所得が、個人と医療法人の2つに分かれるため、一般的に個人の可処分所得が減少することになります（Q86参照）。

（2）　交際費の損金不算入規定の適用

個人事業の場合は、所得税の計算上、交際費の限度額は定められていませんので、事業遂行上必要な交際費は上限なく必要経費として計上できます。しかし、法人の場合は、各事業年度における期末の資本金又は出資金の額に応じて、次のように交際費の損金不算入額が決まっています。

平成26年4月1日から平成28年3月31日までに開始する事業年度

期末出資金の額^(注2)	損金不算入額
1億円以下	①定額控除限度額（年800万円）を超える金額 ②接待飲食費^(注1)の50％を超える金額 ⇒上記①と②は選択
1億円超	接待飲食費^(注1)の50％を超える金額

（注1）　接待飲食費には、専らその法人の役員、従業員等に対する接待等のために支出する費用（いわゆる社内接待費）は含まれません。
（注2）　持分の定めのない医療法人については、下記の算式により計算した金額を期末出資金の額に準ずる額として損金不算入額を計算します。

第 8 章　個人医療機関から医療法人への組織変更

【期末出資金の額に準ずる額】

> （期末総資産額 － 期末総負債額 － 当期利益の額※）×60/100
> 　※貸借対照表に当期の欠損金額が計上されている場合には、
> （期末総資産額 － 期末総負債額 ＋ 当期欠損金の額）×60/100で計算する

（3）　法人住民税均等割

個人で病医院を営み、所得金額が赤字の場合で、一定の要件に該当する場合には個人住民税均等割はかかりません。しかし、法人の場合は所得が赤字の場合でも法人住民税均等割がかかります。

（4）　解散時の残余財産の帰属制限

医療法人の非営利性の徹底を図るため、社団医療法人が解散した場合の残余財産の帰属先は、「国若しくは地方公共団体又は医療法人その他の医療を提供する者であって厚生労働省令で定めるもののうちから選定されるようにしなければならない」とされました。つまり、これまでのように、残余財産の帰属を出資者個人とすることができなくなりました。

社団医療法人定款例
第39条　本社団が解散した場合の残余財産は、合併及び破産手続開始の決定による解散の場合を除き、次の者から選定して帰属させるものとする。
(1)　国
(2)　地方公共団体
(3)　医療法第31条に定める公的医療機関の開設者
(4)　郡市区医師会又は都道府県医師会（一般社団法人又は一般財団法人に限る。）
(5)　財団医療法人又は社団医療法人であって持分の定めのないもの

(5) 都道府県知事等への事業報告書等の届出が必要

医療法人は、毎会計年度終了後3ヶ月以内に、事業報告書・財産目録・貸借対照表・損益計算書及び監事の監査報告書を都道府県知事に提出しなければなりません。

(6) 社会保険料負担の増加

個人病医院では、社会保険は強制加入ではありませんが、医療法人の場合は、従業員を雇用すると強制加入となります。

結果、医療法人を設立することにより、社会保険料の負担が増加することがあります。

第8章　個人医療機関から医療法人への組織変更

86　医療法人設立のメリット・デメリット③

Q 現在個人で病医院を経営しており、個人病医院の課税所得が15,000千円となっています（医業収入の全額が社会保険診療と仮定）。医療法人（中小法人等に該当）設立後の役員報酬を10,000千円・医療法人の所得を5,000千円とした場合に、納税額及び個人の可処分所得はどのようになりますか。

ポイント

◆法人設立前と設立後では、個人法人合わせた納税額は減少するが、個人の可処分所得も減少する。
◆一方、法人の内部留保は増加する。
◆医療法人の設立に当たっては、税務上のメリットだけにとらわれることなく、個人の可処分所得がどのように変化するのかを考慮する必要がある。

	法人設立前	法人設立後	効果
納税額	所得税等 4,985千円	①所得税等 1,962千円 ②法人税等 880千円 ③①＋② 2,842千円	▲2,143千円
個人の可処分所得	10,015千円	8,038千円	▲1,977千円
法人の内部留保	—	4,120千円	＋4,120千円

※上記比較は、平成27年以後の個人病医院と平成26年4月1日から平成27年3月31日までの事業年度の医療法人を対象にしています。

A （1） 税負担の変化

法人設立前の所得税等	15,000千円×43.693％－1,568千円＝4,985千円 〔前提条件〕 ※平成25年から平成49年までの各年分の所得税について付加される復興特別所得税（所得税額×2.1％）を含む。	
法人設立後	所得税等	10,000千円－(10,000千円×10％＋1,200千円)＝7,800千円 　　　　　　　　　（給与所得控除額） 7,800千円×33.483％－649千円＝1,962千円 〔前提条件〕 ※平成25年から平成49年までの各年分の所得税について付加される復興特別所得税（所得税額×2.1％）を含む。
	法人税等	5,000千円×17.60％＝880千円 【前提条件】 ※法人税等の実効税率は17.60％とする。

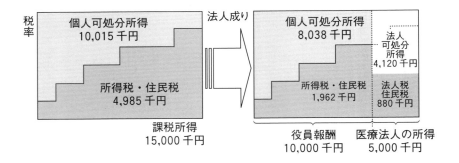

（2） 個人の可処分所得の変化

　医療法人を設立することで個人所得が、個人と医療法人の2つに分かれることになり、このケースでは1,977千円だけ個人の可処分所得が減少することになります。

法人設立前の可処分所得	15,000千円 − 4,985千円 = 10,015千円
法人設立後の可処分所得	10,000千円 − 1,962千円 = 8,038千円

(3) 医療法人設立の注意点

① 支払利息が個人の税務上の経費にならない場合がある

　医療法人を設立する場合には、運転資金に係る借入金は医療法人に引き継ぐことができませんので、個人の借入金として残ることになります。

　個人病医院であれば、運転資金に係る借入金の支払利息は、事業上の借入金に係る支払利息として、事業所得の計算上、必要経費に算入されます。

　しかし、医療法人化により、個人病医院は廃業することになりますので、医療法人に引き継げずに個人に残ってしまった運転資金に係る借入金の支払利息は、必要経費に算入することができません。

② 個人の資金繰りが苦しくなる場合がある

　個人病医院時代の借入金を医療法人に引き継ぐことができない場合には、個人に残った借入金は、院長個人の税引後の可処分所得から元本も利息も返済することになります。

　したがって、多額の借入金が個人に残るケースは、生活費や借入金の返済などを考慮した場合、資金繰りが苦しくなってしまう可能性があります。

③ 医療法人化を検討する際の留意点

　医療法人の設立に当たっては、税務上のメリットだけにとらわれることなく、医療法人設立後の可処分所得で、生活費などの支出や個人の借入金返済が賄えるかどうかなども検証することが大切です。

87　拠出型医療法人設立時の課税関係①

Q 個人が金銭を拠出して、拠出型医療法人を設立する場合の課税関係について教えて下さい。

ポイント
◆医療法人を設立する場合には、必要な財産を拠出により受け入れる。
◆設立に伴い財産を受け入れる際には、原則医療法人を個人とみなして贈与税が課税される。ただし、一定の要件を満たす場合には、贈与税は課税されない。
◆設立により金銭を受け入れた医療法人については、受け入れた金銭の受贈益に対する法人税の課税はない。

A　(1)　医療法人に対する贈与税課税

①　拠出型医療法人に対する贈与税課税

設立に伴い財産の拠出があった場合において、当該贈与又は遺贈により当該贈与又は遺贈をした者の親族その他これらの者と特別の関係がある者の相続税又は贈与税の負担が不当に減少する結果となると認められるときは、拠出型医療法人を個人とみなして贈与税が課税されます。

②　贈与税課税が行われる趣旨

拠出型医療法人を個人とみなして、贈与税を課税する趣旨は、個人が拠出した財産については相続税が課税されませんので、医療法人設立時に、相続税の補完税たる贈与税を課税しておくという考え方です。

つまり、拠出者が医療法人設立にあたって財産を拠出しなければ、拠出者が死亡した時点で拠出財産に対して相続税が課税されるはずであったにもか

かわらず、財産を拠出することで拠出財産に対して相続税は課税されないことになります。

そのため、拠出者やその親族が拠出型医療法人を実質的に支配していると認められる場合には、拠出者に係る相続税等の負担が不当に減少するものとして、財産の拠出が行われた時点で、拠出型医療法人を個人とみなして、贈与税が課税されます。

③ 贈与税課税が行われない場合

拠出型医療法人に対し財産の贈与があった場合において、その贈与をした者の親族その他これらの者と特別な関係がある者の相続税又は贈与税の負担が不当に減少しないと認められる場合には、贈与税は課税されません（Q9参照）。

（2） 医療法人に対する法人税課税

医療法人が財産の贈与を受けた場合には、原則その財産の時価相当額が受贈益として益金の額に算入されることになります。

ただし、医療法人がその設立に際して贈与を受けた財産の価額は、その医療法人の益金の額に算入されません。つまり、設立時には医療法人側に受贈益による法人税課税は発生しないことになります。

【課税関係の整理】

拠出者		医療法人	
所得税課税	課税は生じない	贈与税課税	一定の要件を満たさない場合、医療法人を個人とみなして贈与税課税 ただし、一定の要件を満たす場合、医療法人に対する贈与税課税は生じない
		法人税課税	財産等の贈与を受けた場合には、原則受贈益に対して法人税課税 ただし、設立に際して贈与を受けた場合には、受贈益に対する法人税課税は生じない

88　拠出型医療法人設立時の課税関係②

Q 個人が金銭以外の財産（土地・建物）を拠出して、拠出型医療法人を設立する場合の課税関係について教えて下さい。

ポイント
- ◆医療法人を設立する場合には、必要な財産を拠出により受け入れる。
- ◆設立に伴い受け入れた財産が金銭以外の財産（土地・建物）である場合には、拠出した個人に所得税が課税される。
- ◆設立に伴い受け入れた財産が金銭以外の財産（土地・建物）の場合には、原則医療法人を個人とみなして、贈与税が課税される。ただし、一定の要件を満たす場合には、贈与税は課税されない。
- ◆設立に伴い財産を受け入れた医療法人については、受け入れ財産の受贈益に対する法人税の課税はない。

A　(1)　拠出者に対する所得税課税

①　個人拠出者に対する所得税課税

個人が医療法人の設立に際して、土地・建物といった譲渡所得の起因となる財産等を拠出した場合には、低額譲渡に該当するものとして、みなし譲渡課税（時価により譲渡したものとみなして課税）が行われます。

②　所得税課税が行われない場合

例外として、公益法人等に対する財産等の贈与で一定の要件を満たすものとして国税庁長官の承認を受けたものについては、当該財産等の贈与はなかったものとみなして、所得税は課税されません（租税特別措置法第40条）。

ただし、設立したばかりの拠出型医療法人は医療法人としての運営実績が

なく、公益法人等と同等の基準を満たすことは難しいため、租税特別措置法第40条の規定の適用はなく、拠出者（個人）に対して所得税が課税されることになります。

（2） 医療法人に対する贈与税課税

（Q87参照）。

（3） 医療法人に対する法人税課税

（Q87参照）。

【課税関係の整理】

拠出者		医療法人	
所得税課税	みなし譲渡課税 （時価で譲渡したものとして課税） 例外として、国税庁長官の承認により非課税 （租税特別措置法第40条）	贈与税課税	一定の要件を満たさない場合、医療法人を個人とみなして贈与税課税 ただし、一定の要件を満たす場合、医療法人に対する贈与税課税は生じない
		法人税課税	財産等の贈与を受けた場合には、原則受贈益に対して法人税課税 ただし、設立に際して贈与を受けた場合には、受贈益に対する法人税課税は生じない

89　基金拠出型医療法人設立時の課税関係

Q 個人が金銭又は金銭以外の財産（土地・建物）を基金として拠出し、基金拠出型医療法人を設立する場合の課税関係について教えて下さい。

ポイント
◆設立に伴い基金として金銭を拠出する場合には、拠出者側・医療法人側での課税関係は生じない。
◆設立に伴い基金として金銭以外の財産（土地・建物）を拠出する場合には、拠出した個人側で譲渡税が課税される場合がある。

A　（1）　金銭拠出による場合の課税関係

　基金拠出者は配当請求権・残余財産分配請求権・社員総会における議決権を有しておらず、また、基金は約定劣後破産債権とされることから、基金は医療法人にとっては債務と同様の性質を有しています。
　そのため、金銭を基金として拠出した場合には、拠出した個人又は受け入れた医療法人側には何らの課税関係も発生しないこととなります。

（2）　金銭以外の財産（土地・建物）拠出による場合の課税関係

　基金の募集に際して、金銭以外の財産（土地・建物）が拠出される場合には、拠出される財産の価額が相当であることについて、専門家による証明及び不動産鑑定士の鑑定評価が必要となります。
　医療法人はこの鑑定評価額（時価）を基金として受け入れることになります。そのため医療法人側で課税関係が発生することはありません。
　一方、医療法人に不動産を基金拠出した個人は、拠出した不動産の含み益（基金の額－取得費）に対して譲渡税が課税されます。

この際、譲渡対価とされる基金は債権ですから、拠出者には現金が入ってこないにもかかわらず、所得税等の負担のみが生じることになりますので注意が必要です。

【課税関係の整理】

	拠出者		医療法人
所得税課税	金銭を基金拠出した場合は、課税は生じない	贈与税課税	課税は生じない
	金銭以外の財産（土地・建物）を基金拠出した場合は、拠出した財産の含み益（基金の額－取得費）に対して譲渡税課税	法人税課税	課税は生じない

90　医療法人設立手続

Q 医療法人を設立する場合の手続及び留意点について教えて下さい。

ポイント
◆医療法人は、都道府県知事の認可によりその設立が認められる。
◆医療法人を設立する場合には、都道府県知事に対して設立申請を行うことが必要となる。

A　（1）　行政手続

医療法人の設立申請スケジュールは、次図のようになっています。

① **医療法人設立認可申請書仮受付**

都道府県によって仮受付がある場合とない場合があります。申請時には設立認可申請書にあわせて、定款、財産目録、役員・従業員名簿、役員の履歴書等の添付書類を提出します。

② **医療審議会**

医療審議会は都道府県知事の諮問機関であり、医療法人として問題がないか審査し、問題がなければ知事から設立認可書が交付されます。

③ **病医院の開設許可申請、病床等の使用許可申請、病医院の開設届、保険医療機関の指定申請**

既存の診療所や病院であっても、法人化に際しては新規開設扱いとなりますので、医療機関としての開設の手続や保険医療機関の指定の手続を新たに行う必要があります。

第8章　個人医療機関から医療法人への組織変更

(イ)　病医院の開設許可申請

病医院を管轄する保健所に、病医院の開設許可申請を行う必要があります。

(ロ)　病床等の使用許可申請

有床の病医院の場合、病医院を管轄する保健所に、病床等の使用許可申請を行う必要があります。

(ハ)　病医院の開設届

病医院を開設したときは、開設した日から10日以内に、病医院を管轄する保健所に、病医院の開設届を提出する必要があります。

(ニ)　保険医療機関の指定申請

保険医療機関の指定を受けるための申請書は、保健所に開設届を提出した後に、保険医療機関が所在する都道府県を管轄する地方厚生（支）局の事務所等に提出します。

保険医療機関の指定は、毎月の締切日（各事務所等により異なります）までに提出した指定申請書について、翌月1日に指定を受けるケースが一般的です。

保健所への開設届の提出は開設した日から10日以内とされているため、保険医療機関指定申請書を提出できるのは、開設日以後になります。

この場合、医療法人としての新規開設日と保険医療機関の指定を受ける日の間に空白期間が生じてしまい、その間は保険医療機関の指定を受けていないため保険診療ができないことになります。

しかし、開設者が個人から法人へ変更する場合は、医療施設の実態に変化がないことを考慮し、保険医療機関指定申請書と同時に遡及申請をすることで、新規開設日に遡って保険医療機関の指定を受けたものとされ、新規開設日から保険診療が可能になります。

医療法人の設立申請スケジュール

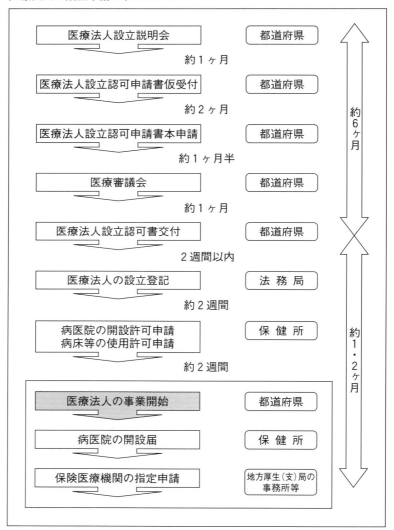

（2） 税務手続

　医療法人としての開業、個人病医院としての廃業の手続が必要になります。
　具体的な医療法人の設立時に検討すべき主な手続（申請・届出等）は、次のとおりです。

法人税の届出書

届出書	提出期限	届出先
1　法人設立届出書	設立の日以後2ヶ月以内	税務署
2　青色申告の承認申請書	「設立の日以後3ヶ月を経過した日」と「設立の日の属する事業年度終了の日」のいずれか早い日の前日まで	
3　減価償却資産の償却方法の届出書	設立の日の属する事業年度の確定申告書の提出期限まで	
4　棚卸資産の評価方法の届出書		

消費税の届出書

届出書	提出期限	届出先
1　消費税課税事業者選択届出書	事業を開始した日の属する課税期間終了の日まで	税務署
2　消費税簡易課税制度選択届出書		

源泉所得税の届出書

届出書	提出期限	届出先
1　給与支払事務所等の開設・移転・廃止届出書	給与支払事務所等の開設の事実があった日から1ヶ月以内	税務署
2　源泉所得税の納期の特例の承認に関する申請書	適用を受けようとするとき（提出日の翌月に支払う給与等から適用）	

地方税の届出書

届出書	提出期限	届出先
1　法人設立・設置届出書	各都道府県税事務所・市町村がそれぞれに定める期間内	都道府県税事務所・市町村税務課等

廃止届出関係

届出書	提出期限	届出先
1　個人事業の開業・廃業等届出書	事業の廃止の事実があった日から1ヶ月以内	税務署
2　給与支払事務所等の開設・移転・廃止届出書	給与支払事務所等の廃止の事実のあった日から1ヶ月以内	税務署
3　事業開始（廃止）等申告書	各都道府県税事務所・市町村がそれぞれに定める期間内	都道府県税事務所・市町村税務課等

（3）　その他の手続

法人設立後、拠出等により法人の財産となったもの（土地、建物、銀行預金等）や電話、水道、電気等の契約の法人名義への書き換え等の手続も必要です。

（4）　医療法人設立の際の留意点

①　個人病医院の負債の引継ぎ

個人病医院時代の借入金などの負債については、拠出する又は寄附する財産に係る負債は、医療法人に引き継ぐことができます。

ただし、医療法人化前の運転資金は、引き継ぐことができません。

なお、医療法人に個人の負債を引き継ぐためには、債権者による残高証明と医療法人に債務を引き継ぐことに関しての承諾が必要となります。

具体的には、債務の引継ぎに関して承諾されたことを証する書類として、『負債残高証明及び債務引継承認願』という書式を作成し、認可申請書に添付して提出する必要があります。

第8章　個人医療機関から医療法人への組織変更

②　リース契約の引継ぎ

医療法人を設立する際、個人病医院時代に締結されていたリース契約を医療法人に引き継ぐことができます。

なお、リース契約を引き継ぐ場合には、リース会社によるリース債務の残高証明と医療法人にリース契約を引き継ぐことに関しての承諾が必要となります。

具体的には、リース契約の引継ぎに関して承諾されたことを証する書類として、『負債残高証明及び債務引継承認願』及び『リース引継承認願』という書式を作成し、認可申請書に添付して提出する必要があります。

③　不動産の賃借

イ　賃借人の名義の変更

不動産を賃借して、個人病医院を営んでいる場合において、個人病医院を医療法人化する場合には、医療法人設立後は、当該不動産の賃借人は、個人から医療法人に変わります。

医療法人の設立申請に当たっては、医療法人の設立後に、賃借人の立場が個人から医療法人に確実に引き継がれることを保証するために、貸主との間で医療法人設立後は賃借人を個人から医療法人に引き継ぐことを確認した覚書を認可申請書に添付して提出する必要があります。

なお、覚書には、医療法人の経営安定のために、賃借期間については、長期継続されることの保証も併せて必要となります。ここで、長期とは、概ね5年から10年程度をいい、自動更新や再契約の規定により継続使用が可能であることをいいます。

ロ　理事長など役員等から不動産を賃借する場合

理事長など医療法人の役員から不動産を賃借する場合には、適正な家賃で賃貸借が行われることを確認するために、当該不動産と同規模の近隣不動産の家賃等を調査し、不当に高額な家賃設定でないことを証明する書類を添付する必要があります。

具体的には、住宅情報誌等により、当該不動産の近隣の不動産の家賃、床面積等について、情報を収集し、家賃設定を検討します。

91 医療法人設立に伴う個人病医院廃止の税務

Q 医療法人の設立に伴い、個人病医院を廃止する場合の税務上の留意点について教えて下さい。

ポイント
◆個人病医院を廃止する場合、事業所得における必要経費の算入や予定納税等に留意する必要がある。

A (1) 減価償却資産及び一括償却資産の必要経費算入

　個人病医院を廃止した年分の減価償却資産の償却費計算は、1年分の償却費を、1月1日から個人病医院を廃止した日までの期間で月数按分します。1月未満の端数が生じた場合には、これを切り上げて1月とします。

　一方、一括償却資産については、前年までに必要経費に算入していない金額は、個人病医院を廃止した年分の事業所得の必要経費に算入します。

(2) 貸倒引当金繰入

　売掛金や貸付金などの債権は計上額すべてを回収できるとは限りません。そのため相手側の返済不能リスク（病医院側の回収不能リスク）に備えて設定されるのが貸倒引当金です。

　貸倒引当金は当該性質により計上するため、個人病医院を廃止した年分については、貸倒引当金の計上額は事業所得の必要経費に算入できません。

(3) 必要経費の特例

　個人病医院を廃止した場合には、原則として廃止した日の属する年分の1月1日から廃止した日までに生じたものを必要経費とします。

個人病医院の廃止後において生じた費用等（その事業に係る費用・損失）で、個人病医院を廃止しなければその年分以後の必要経費に算入されるべき金額が生じた場合には、その金額は廃止した日の属する年分又はその前年分の必要経費に算入することができます。

なお、前年に遡って控除を受ける場合には、更正の請求をする必要があるため注意が必要です。

（4） 退職金

個人病医院の廃止に伴い、従業員は新設した医療法人で雇用することになります。その場合、個人病医院時代の従業員の退職金相当額については、退職金の支給時期によって、下記のように取扱いが異なります。

① 個人病医院の廃止時に、従業員に退職金を支給した場合

支給した退職金は、個人病医院の廃止した年分の必要経費に算入します。

② 個人病医院の廃止時に、従業員に退職金を支給せず、従業員が医療法人を退職する際に、医療法人が退職金を支給した場合

従業員の退職が医療法人設立後相当期間経過した後に行われた場合には、個人病医院時代に雇用していた期間の分も含めて支給した退職金は、支給した医療法人側で損金算入が認められます。

なお、医療法人側で損金算入する場合の「医療法人設立後相当期間経過した後」とは、課税上弊害のない限り、一般的には個人病医院の最終年分の減額更正が可能な期間との関連で5年程度と考えられています。

（5） 事業税の見込控除

事業税の必要経費算入時期は、事業税の賦課決定により納付すべきことが確定された日となります。事業税は事業を行った年の翌年に賦課決定が行われますので、必要経費算入時期は、原則翌年となります。

しかし、個人病医院を廃止した年分の所得につき課税される事業税は、課税見込額を廃止した年分の必要経費に算入することができます。原則の取扱

いですと、事業税の賦課決定が行われた年には個人病医院は廃止しているため、必要経費に算入できないことから、このような取扱いが行われています。

事業税の課税見込額は、下記の算式により計算します。

課税見込額 $= \dfrac{(A \pm B) \times R}{1 + R}$

A：事業税の課税見込額を控除する前の当該年分の当該事業に係る所得の金額

B：事業税の課税標準の計算上、Aに加減算する金額

R：事業税の税率

なお、上記見込控除を行わない場合には、事業税の賦課決定時に個人病医院を廃止した年分の所得税について更正の請求を行うことができます。

(6) 社会保険診療報酬の所得計算の特例（概算経費の特例）

社会保険診療報酬が5,000万円以下、かつ、自由診療を含めた医業収入が7,000万円以下である場合には、実際の経費計上に代えて、概算経費計上を選択することができます。概算経費の金額は、下記の表により算出します。

社会保険診療報酬の金額（A）		概算経費の金額
	2,500万円以下	（A）×72%
2,500万円超	3,000万円以下	（A）×70%＋50万円
3,000万円超	4,000万円以下	（A）×62%＋290万円
4,000万円超	5,000万円以下	（A）×57%＋490万円

医療法人を設立した時期が年の途中である場合には、1月1日からその設立日までの社会保険診療報酬が5,000万円以下、かつ、自由診療を含めた医業収入が7,000万円以下となる場合があります。その場合には、個人病医院を廃止した年分の所得税について、概算経費の特例の適用を受けることがで

きます。

　また、医療法人の決算日によっては、医療法人についても設立日から決算日までの医療法人の社会保険診療報酬が5,000万円以下、かつ、自由診療を含めた医業収入が7,000万円以下となることが考えられます。その場合には、医療法人についても概算経費の特例の適用を受けることができます。

（7）　予定納税額の減額

　個人病医院の廃止後は予定納税の負担が重くなる場合が少なからずあります。その際には「所得税の予定納税額の減額申請手続」を行うことで、予定納税の負担額を軽減することが可能となります。

資料　拠出型医療法人への移行に係る参考規定

相続税法	相続税法施行令	個別通達
(特別の法人から受ける利益に対する課税) 第65条　持分の定めのない法人(持分の定めのある法人で持分を有する者がないものを含む。次条において同じ。)で、その施設の利用、余裕金の運用、解散した場合における財産の帰属、納入等について設立者、社員、理事、監事若しくは評議員、当該法人に対し贈与若しくは遺贈をした者又はこれらの者の親族その他これらの者と前条第１項に規定する特別の関係がある者に対して特別の利益を与えるものに対し財産の贈与又は遺贈があった場合においては、次条第４項の規定の適用がある場合を除くほか、当該財産の贈与又は遺贈があった時において、当該法人から特別の利益を受ける者が、当該財産(第21条の３第１項第３号に掲げる財産を除く。)の贈与又は遺贈により受ける利益の価額に相当する金額を当該財産の贈与又は遺贈をした者から贈与	(法人から受ける特別の利益の内容等) 第32条　法第65条第１項の法人から受ける特別の利益は、施設の利用、余裕金の運用、解散した場合における財産の帰属、金銭の貸付け、資産の譲渡、給与の支給、役員等(理事、監事、評議員その他これらの者に準ずるものをいう。次条第３項において同じ。)の選任その他の財産の運用及び事業の運営に関して当該法人から受ける特別の利益(以下この条において「特別利益」という。)とし、法第65条第１項の法人から特別の贈与又は遺贈を受ける者は、同項の法人の当該贈与をした者からの当該贈与又は遺贈に関して当該法人から特別利益を受けたと認められる者とする。	

遺贈により取得したものとみなす。 2　第12条第2項の規定は、前項に規定する持分の定めのない法人が取得した同条第1項第3号又は第21条の3第1項第3号に掲げる財産について第12条第2項に規定する事由がある場合について準用する。 3　前二項の規定は、第1項に規定する持分の定めのない法人の設立があった場合において、同項の法人から特別の利益を受ける者が当該法人の設立により受ける利益について準用する。 4　第1項の法人の範囲、法人から特別の利益を受ける者の範囲、法人から受ける特別の利益の内容その他同項の規定の適用に関し必要な事項は、政令で定める。 **(人格のない社団又は財団等に対する課税)** 第66条　代表者又は管理者の定めのある人格のない社団又は財団に対し財産の贈与又は遺贈があった場合においては、当該社団又は財団を個人とみなして、これに贈与税又は相続税を課する。	
(人格のない社団又は財団等に課される贈与税等の額の計算の方法等) 第33条　法第66条第1項(同条第2項において準用する場合を含む。)又は同条第4項の規定により同条第1項若しくは第2項の社団若しくは財団又は同条第	**(法第66条第4項の規定の趣旨)** 12　法第66条第4項の規定は、持分の定めを有する者がある法人(持分の定めのある法人で持分の定めがないものを含む。以下同じ。)に対する財産の贈与又は当該法人を設立するための財産の提供(以下「贈与等」という。)により当該法人又はこれらの者の親族その他の者が当該贈与等に係る法人から特別の利益を受けているようなときに、法第64条第1項に規定するなど当該贈与等に係る財産を名目的に利用する当該法人に帰属させているような場合には、実質的には、当該贈与等をした者が当該贈与等に係る財産を

相続税法	相続税法施行令	個別通達
この場合において、贈与により財産を取得した者の各人ごとに、当該贈与をした者の異なることとにより算出した贈与税額の合計額をもって当該社団等の納付すべき贈与税額とする。 2 前項の規定は、持分の定めのある社団又は財団で持分の定めのある社団又は財団に財産の提供があった場合について準用する。 3 前二項の場合において、第1条の3又は第1条の4の規定の適用については、第1項に規定する社団又は財団は財団の住所又はその主たる営業所又は事業所の所在地にあるものとみなす。 4 第三項の規定は、持分の定めのない法人に対し財産の贈与又は遺贈があった場合において、当該贈与又は遺贈をした者の親族その他これらの者と第64条第1項に規定する特別の関係がある者の相続税又は贈与税の負担が不当に減少する結果となると認めら	4項の持分の定めのない法人(以下この項及び次項において「社団等」という。)に課される贈与税又は相続税の額について、次に掲げる税額の合計額が当該社団等に課されるべき贈与税又は相続税の額から控除するものとする。 一 社団等が贈与又は遺贈により取得した財産の価額から控除した事業年度相当額(当該社団等の当該事業年度の所得とみなして地方税法の規定を適用して計算した事業(同法第72条第3号(事業税に関する用語の意義)に規定する所得割に係る所得割額に限る。以下この号において同じ。)の額をいう。)を当該社団等の事業年度の所得とみなして地方税法の規定を適用して計算した法人税の額及び地方税法の規定を適用して計算した法人税の額 二 前号の規定により計算した当該社団等の法人税の額を基に地	有し、又は特別の利益を受ける者に当該特別の利益を贈与したのと同じこととなり、したがって当該贈与等について相続税が開始する場合には、当該財産は遺贈とみなされ贈与税又は相続税が課されるのにかかわらず、又は特別の利益の贈与を受けることによりこれらの者の課税を免れることとなることに顧み、当該法人に対する財産の贈与等があった際に贈与税等を課することとしているものであるので、当該法人に贈与税等を課することに留意する。 **(持分の定めのない法人)** 13 法第66条第4項に規定する「持分の定めのない法人」とは、例えば、次に掲げる法人をいう(これらに準ずるものを含む。以下13において同じ。)。 (1) 定款、寄附行為若しくは規則(これらに準ずるものを含む。以下13において「定款等」という。)又は法令の定めにより、当該法人の社員、構成員(当該法人に出資している者に限る。以下13において「社員等」という。)が当該法人の出資に係る残余財産の分配請求権又は払戻請求権を行使することができない法人 (2) 定款等に、社員等が当該法人の出資に係る残余財産の分配又は払戻請求権を行使することができる旨の定めはあるが、そのような社員等が存在しない法人 (注) 持分の定めがある法人(持分を有する者がないものを除く。)に対する財産の贈与等があったときは、当該法人の出資者等について法第9条の規定を適用すべき場合があることに留意する。 **(相続税等の負担の不当減少について)** 14 法第66条第4項に規定する「相続税又は贈与税の負担が不当に減少する結果となると認められるかどうか」の判定は、原則として、贈与等を受けた法人が法施行令第33条第3項各号に掲げる要件を満たしているかどうかにより行うものとする。 ただし、当該法人の社員、役員等(法施行令第32条に規定する役員等

資　料

をいう。以下同じ。）及び当該法人の職員の数のうちに、その財産を贈与した者若しくは当該法人の設立に当たり財産を提供した者又はこれらの者と親族その他の法施行令第33条第3項第1号に規定する特殊の関係がある者が含まれていない事実があり、かつ、これらの者が、当該法人の財産の運用及び事業の運営に関して私的に支配している事実がなく、将来も私的に支配する可能性がないと認められる場合には、同項の要件を満たしているものとして扱う。同項第2号から第4号までの要件を満たしているときであっても、法第66条第4項に規定する「相続税又は贈与税の負担が不当に減少する結果となると認められるときに該当しないものとして取り扱う。

（その運営組織が適正であるかどうかの判定）

15 法施行令第33条第3項第1号に規定する「その運営組織が適正である法人」に該当するかどうかの判定は、財産の贈与等を受けた法人について、次に掲げるところにより行うものとする。

(1) 次に掲げる法人の態様に応じ、定款、寄附行為又は規則（これらに準ずるものを含む。以下同じ。）において、それぞれ次に掲げる事項が定められていること。

イ 学校法人、社会福祉法人、更生保護法人、宗教法人その他法人の持分の定めのない法人

A その法人に社員総会又はこれに準ずる議決機関があること。

B 理事の定数は6人以上、監事の定数は2人以上であること。
理事及び監事の選任は、例えば、社員総会における社員の選挙により選任される社員の地位にある者が適正に選任されること。

C 理事会の議事の決定は、次のDに該当する場合を除き、原則として、理事会において理事現在数（理事現在数が法令に別段の定めがある場合を除き、法令に定める定数）の過半数の議決を必要とすること。

D 社員総会の議事の決定は、法令に別段の定めがある場合を除き、社員総会の議事は、その出席社員の議決権の過半数の議決を必要と

方法人税法の規定を適用して計算した地方法人税の額並びに地方税法の規定を適用して計算した同法第23条第1項第3号（道府県民税に関する用語の意義）に規定する法人税割に係る道府県民税の額及び同法第292条第1項第3号（市町村民税に関する用語の意義）に規定する法人税割に係る市町村民税の額とする。

5 第1項（第2項において準用する場合を含む。）又は前項の規定を適用する場合において、社団に財産の贈与をした者が二人以上あるときは、当該社団が当該贈与により取得した財産について、当該贈与をした者のなることにより、当該贈与をした者の異なるごとに、当該贈与をした者の各一人のみから取得したものとみなす。

3 贈与又は遺贈により財産を取得した第65条第1項に規定する持分の定めのない法人が、これらの法人に課される相続税又は贈与税その他の税の額に相当する額を控除する。

6 第4項の相続税又は贈与税の負担が不当に減少する結果となると認められるものとするかどうかの判定に関し必要な事項は、政令で定める。

れるときについて準用する。この場合において、第1項中「代表者又は管理者の定めのある人格のない社団又は財団」とあるのは「持分の定めのない法人」と、「当該社団又は財団」とあるのは「当該社団又は財団」と、「当該社団又は財団」と読み替えるものとする。

相続税法	相続税法施行令	個別通達
	うち親族関係を有する者及びこれらと次に掲げる特殊の関係がある者（次号において「親族等」という。）の数がそれぞれの役員等の数のうちに占める割合は、いずれも3分の1以下とする旨の定めがあること。 イ 当該親族関係を有する役員等と婚姻の届出をしていないが事実上婚姻関係と同様の事情にある者 ロ 当該親族関係を有する役員等の使用人及び使用人以外の者で当該役員等から受ける金銭その他の財産によって生計を維持しているもの ハ イ又はロに掲げる者の親族でこれらの者と生計を一にしているもの ニ 当該親族関係を有する役員等及びイからハまでに掲げる者のほか、次に掲げる法人の法人税法第2条第15号（定義）に規定する役員（以下「会社役員」という。）又は使用人である者 (1) 当該使用人である者	すること。 E 次に掲げる事項（次のFにより評議員会などに委任されている事項を除く。）の決定は、社員総会の議決を必要とすること。 この場合において、次の(E)及び(F)以外の事項については、あらかじめ理事会における理事総数（理事現在数）の3分の2以上の議決を必要とすること。 (A) 収支予算（事業計画を含む。） (B) 収支決算（事業報告を含む。） (C) 基本財産の処分 (D) 借入金（その会計年度内の収入をもって償還する短期借入金を除く。）その他新たな義務の負担及び権利の放棄 (E) 定款の変更 (F) 解散及び合併 (G) 当該法人の主たる目的とする事業以外の事業に関する重要な事項 F 社員総会のほかに事業の管理運営に関する事項を審議するため議員会などの制度が設けられ、上記(E)及び(F)以外の事項の決定がこれらの機関に委任されている場合におけるこれらの機関の構成員の定数及び選任並びに議事の決定については次によること。 (A) 構成員の定数は、理事の定数の2倍を超えていること。 (B) 構成員の選任については、上記イ(1)のBに準じて定められていること。 (C) 議事の決定については、原則として、構成員総数の過半数の議決を必要とすること。 G 上記イ(1)のCからFまでの事項について書面により意思を表示した者は、出席したものとみなすことができるが、他の者を表決を代理人として表決を委任する

資料

員等が会社役員となっている法人
(2) 当該親族関係を有する役員等及びイからハまでに掲げる者並びにこれらの者と法人税法第２条第10号に規定する政令で定める特殊の関係のある法人を判定の基礎にした場合に同号に規定する同族会社に該当するその他の法人
二 当該法人に財産の贈与若しくは遺贈をした者、当該法人の設立者、社員若しくは役員等又はこれらの者の親族等に対し、施設の利用、余裕金の運用、解散した場合における財産の帰属、金銭の貸付け、資産の譲渡、給与の支給、役員等の選任その他財産の運用及び事業の運営に関して特別の利益を与えないこと。
三 その寄附行為、定款又は規則において、当該法人が解散した場合にその残余財産が国若しくは地方公共団体又は公益社団法人若しくは公益財団法人その他の公益を目的とする事業を行う法人（持分の定めのないものに限る。）に帰属する旨の定めがあ

ることはできないこと。
H 役員等には、その地位にあることのみに基づき給与等を支給しないこと。
I 監事には、理事（その親族その他特殊の関係がある者を含む。）及びその親族その他特殊の関係がある者を含む。）並びに当該法人の職員が含まれてはならないこと。また、監事は、相互に親族その他特殊の関係を有しないこと。
 (注) 1 上記ハの(イ)及び(ロ)に掲げるほか、法施行令第33条第３項第１号に定める親族その他特殊の関係にある者に関する規定及び同項第３号に定める残余財産の帰属に関する規定又は規則に定められていなければならないことに留意する。
 2 上記ハの法人の定款、寄附行為又は規則に規定され、標準的な定款、寄附行為又は規則（租税特別措置法（昭和32年法律第26号）第40条（国等に対して財産を寄附した場合の譲渡所得等の非課税）の規定の適用に関し通達の定めによる標準的な定款、寄附行為又は規則をいう。）に従って定められている場合には、上記15の(1)に該当するものとして取り扱うことに留意する。
(2) 贈与等を受けた法人の事業の運営及び役員等の選任等が、法令及び定款、寄附行為又は規則に基づき適正に行われていること。
 (注) 他の一の法人（当該他の法人と法人税法施行令（昭和40年政令第97号）第４条第２号（同族関係者の範囲）に定める特殊の関係がある法人を含む。）又は団体の役員及び職員の数がそれぞれの法人等の役員等のうちに占める割合が３分の１を超えている場合には、当該法人の役員の選任は、適正に行われていないものとして取り扱う。
(3) 贈与等を受けた法人が行う地域又は分野において、その事業の内容が社会的存在として認識される程度の規模を有していること。この場合において、例えば、次のイからホまでに掲げる事業がその法人の主たる目的として営まれる程度の規模を有しているときは、当該事業は、社会的存在として認識される程度の規模を有しているものとして取り扱う。

相続税法	相続税法施行令	個別通達
	あること。 四 当該法人につき法令に違反する事実、その帳簿書類に取引の全部又は一部を隠ぺいし、又は仮装して記録又は記載をしている事実その他公益に反する事実がないこと。	として取り扱う。 ヌ 医療法（昭和23年法律第205号）第1条の2第2項に規定する医療提供施設を設置運営する事業を営む法人で、その事業が次の(イ)及び(ロ)の要件又は(ハ)の要件を満たすもの (イ) 医療法施行規則（昭和23年厚生省令第50号）第30条の35の2第1項第1号及び第2号（社会医療法人の認定要件）に定める要件（この場合において、同号イの規定に当たっては、介護保険法（平成9年法律第123号）の規定に基づく保険給付に係る収入金額を社会保険診療に係る収入に含めて差し支えないものとして取り扱う。） (ロ) その開設する医療提供施設のうち1以上のものが、その所在地の都道府県が定める医療法第30条の4第1項に規定する医療計画において同条第2項第2号に規定する医療連携体制に係る医療提供施設として記載及び公示されていること。 (ハ) その法人が租税特別措置法施行令第39条の25第1項第1号（法人税率の特例の適用を受ける医療法人の要件等）に規定する厚生労働大臣が財務大臣と協議して定める基準を満たしていること。 **（特別の利益を与えること）** 16 法施行令第33条第3項第2号の規定による特別の利益を与えることとは、具体的には、例えば、次の(1)又は(2)に該当すると認められる場合がこれに該当するものとして取り扱う。 (1) 贈与等を受けた法人の定款、寄附行為若しくは規則又は贈与契約書等において、次に掲げる者に対して、当該法人の財産を無償で利用させ、又は与えるなどの特別の利益を与える旨の記載がある場合 イ 贈与等をした者 ロ 当該法人の設立者、社員若しくは役員等 ハ 贈与等をした者、当該法人の設立者、社員若しくは役員等（以下16において「贈与等をした者等」という。）の親族

資　料

ニ　贈与等をした者等と次に掲げる特殊の関係がある者（次の(2)において「特殊の関係がある者」という。）
　(イ)　贈与等をした者等とまだ婚姻の届出をしていないが事実上婚姻関係と同様の事情にある者
　(ロ)　贈与等をした者等の使用人及び使用人以外の者で贈与等をした者等から受ける金銭その他の財産によって生計を維持しているもの
　(ハ)　上記(イ)又は(ロ)に掲げる者の親族でこれらの者と生計を一にしているもの
　(ニ)　贈与等をした者等が会社役員となっている他の会社
　(ホ)　贈与等をした者等、その親族、上記(イ)から(ハ)までに掲げる者並びにこれらの者と法人税法第2条第10号に規定する政令で定める特殊の関係のある法人を判定の基礎とした場合に同号に規定する同族会社に該当する他の法人
　(ヘ)　上記(ニ)又は(ホ)に掲げる法人の会社役員又は使用人

(2)　贈与を受けた法人が、贈与をした者又はその者又はその他特殊の関係がある者に対して、次に掲げるいずれかの行為をし、又はいずれかの行為をすると認められる場合
　イ　当該法人の所有する財産をこれらの者に居住、担保その他の私事に利用させること。
　ロ　当該法人の余裕金をこれらの者の行う事業に運用していること。
　ハ　当該法人の従業員で、これらの者に金銭の貸付をすること。
　ニ　当該法人の所有する財産をこれらの者に無償又は著しく低い価額の対価で譲渡すること。
　ホ　これらの者からその他の財産を過大な対価で譲り受けること、又はこれらの者から金銭その他の財産を過大な利息又は賃料で借り受けること。
　ヘ　これらの者からその者から当該法人の事業目的の用に供すると認められない財産を取得すること。

相続税法	相続税法施行令	個別通達
		ト これらの者に対して、当該法人の役員等の地位にあることのみに基づき給与等を支払い、又は当該法人の他の従業員に比し過大な給与等を支払うこと。
チ これらの者の債務に関して、保証、弁済、免除又は引受け（当該法人の設立のための債務の引受けを除く。）をすること。
リ 契約金額が少額なものを除き、これらの者が行う物品の販売、工事請負、役務提供、物品の賃貸その他の契約に係る契約の相手方となること。
ヌ 事業の遂行により供与する利益を主として、又は不正な方法で、これらの者に与えること。
(判定の時期等)
17 法令66条第4項の規定を適用すべきかどうかの判定は、贈与等の時を基準としてその時に生じた事実関係をも勘案して行うのであるが、贈与により財産を取得した法人が、財産を取得した時には法施行令第33条第3項各号に掲げる要件を満たしていない場合においても、当該財産に係る贈与税の申告書の提出期限又は決定の時までに、同項各号に掲げる要件を満たすこととなったときは、当該贈与等については法第66条第4項の規定を適用しないこととして取り扱う。
(社会一般の奇附金程度の贈与等について不適用)
18 法施行令第33条第3項各号に掲げる要件を満たしていないと認められる法人に対して財産の贈与等があった場合においても、当該財産の多募等からみて、それが社会一般に行なわれている寄附と同程度のものであると認められるときは、法第66条第4項の規定を適用しないものとして取り扱う。
(持分の定めのない法人に対する贈与税課税の譲与等)

274

資料

19 法令及びこの通達により判断して法第66条第4項の規定を適用すべき場合においては、贈与等をした者の譲渡所得について租税特別措置法第40条の規定による承認申請書が提出された場合においても、課税の猶予をしないことに留意する。

(贈与等をした者以外の者に特別の利益を与える場合)

20 持分の定めのない法人が、当該贈与等及びその贈与等に関する財産の贈与等に関して、贈与等をした者及びその者の親族その他これらの者と法第64条第1項に規定する特別の関係がある者以外の者で当該法人の設立者、社員若しくは役員等又はこれらの者の親族その他これらの者と法第64条第1項に規定する特別の関係がある者に対し特別の利益を与えると認められる場合には、法第66条第4項の規定の適用はないが、当該特別の利益を受ける者に対して法第65条の規定が適用して特別の利益を与えるものとして取り扱う。

この場合において、贈与等に関し特別の利益をいうものとは、[16]の(1)及び(2)に掲げる場合をいうものとして取り扱う。

(持分の定めのない法人から受ける利益の価額)

21 [20]の場合において、法第65条第1項に規定する「贈与により受ける利益の価額」とは、贈与等によって法人が取得した財産の価額によるのではなく、当該法人に対する贈与財産の贈与に関して当該法人から受けた特別の利益を受けたと認められる者が当該法人から受けた特別の利益の実態により評価するのであるから留意する。

275

(著者紹介)

加藤　友彦（かとう　ともひこ）
　　税理士　税理士法人山田＆パートナーズ　代表社員
　　医療事業部担当パートナー
　　平成9年　山田＆パートナーズ会計事務所（現税理士法人山田＆パートナーズ）入所
　　平成14年　税理士法人山田＆パートナーズ　代表社員就任

上田　峰久（うえだ　みねひさ）
　　税理士　医療事業部　シニアマネージャー
　　平成18年　税理士法人山田＆パートナーズ　入所
　　平成21年　税理士法人山田＆パートナーズ　医療事業部　マネージャー就任
　　平成26年　税理士法人山田＆パートナーズ　医療事業部　シニアマネージャー就任

若山雄一郎（わかやま　ゆういちろう）
　　医療事業部　マネージャー
　　平成19年　税理士法人山田＆パートナーズ　入所
　　平成24年　税理士法人山田＆パートナーズ　医療事業部　マネージャー就任

寺尾　絵里（てらお　えり）
　　税理士　医療事業部
　　平成20年　税理士法人山田＆パートナーズ　医療事業部　入所

板持　英俊（いたもち　ひでとし）
　　税理士　医療事業部　マネージャー
　　平成19年　税理士法人山田＆パートナーズ　入所
　　平成25年　税理士法人山田＆パートナーズ　マネージャー　就任

赤石　　健（あかいし　けん）
　　医療事業部　マネージャー
　　平成19年　税理士法人山田＆パートナーズ　医療医業部　入所
　　平成25年　税理士法人山田＆パートナーズ　医療医業部　マネージャー就任

大城　陵司（おおしろ　りょうじ）
　　税理士　医療事業部
　　平成22年　税理士法人山田＆パートナーズ　入所

竹内　あかね（たけうち　あかね）
　　税理士　医療事業部
　　平成23年　税理士法人　山田＆パートナーズ　医療医業部　入所

税理士法人　山田＆パートナーズ

法人対応、資産税対応など幅広い税務コンサルティング業務を展開。医療関係は、医療事業部が税務・財務コンサルティング、医療法人設立支援等の行政対応、医業承継支援、M&A 業務など専門的な対応をしている。

東京本部	〒100-0005	東京都千代田区丸の内1-8-1
		丸の内トラストタワーN館8階
名古屋事務所	〒450-6032	愛知県名古屋市中村区名駅1-1-4
		JRセントラルタワーズ46階
関西事務所	〒541-0044	大阪府大阪市中央区伏見町4-1-1
		明治安田生命大阪御堂筋ビル4階
福岡事務所	〒810-0001	福岡県福岡市中央区天神2-14-8
		福岡天神センタービル6階
東北事務所	〒980-0021	宮城県仙台市青葉区中央1-2-3
		仙台マークワン15階
札幌事務所	〒060-0001	北海道札幌市中央区北一条西4-2-2
		札幌ノースプラザ8階
京都事務所	〒600-8008	京都府京都市下京区四条通烏丸東入
		長刀鉾町20番地四条烏丸FTスクエア9階
金沢事務所	〒920-0856	石川県金沢市昭和町16-1
		ヴィサージュ9階
静岡事務所	〒420-0857	静岡県静岡市葵区御幸町11-30
		エクセルワード静岡ビル13階
広島事務所	〒730-0013	広島県広島市中区八丁堀14-4
		JEI広島八丁堀ビル9階

Q&A 医療機関の組織変更の実務と税務　第3版
―持分なし医療法人・特定医療法人・社会医療法人への移行―

| 平成25年6月24日 | 初版発行Ⓒ |
| 平成27年2月25日 | 第3版発行 |

編　者　　税理士法人山田&パートナーズ
著　者　　加藤友彦　　上田峰久
　　　　　若山雄一郎　　板持英俊
　　　　　赤石　健　　寺尾絵里
　　　　　大城陵司　　竹内あかね
発行者　　宮本弘明

発行所　　株式会社 財経詳報社
　　　　　〒103-0013　東京都中央区日本橋人形町1-7-10
　　　　　電話　03(3661)5266(代)
　　　　　FAX　03(3661)5268
　　　　　URL http://www.zaik.jp
　　　　　振替口座　00170-8-26500
　　　　　Printed in Japan 2015

落丁・乱丁はお取り替えいたします。　印刷・製本　創栄図書印刷
ISBN　978-4-88177-533-2